essentials

essentials liefern aktuelles Wissen in konzentrierter Form. Die Essenz dessen, worauf es als „State-of-the-Art" in der gegenwärtigen Fachdiskussion oder in der Praxis ankommt. *essentials* informieren schnell, unkompliziert und verständlich

- als Einführung in ein aktuelles Thema aus Ihrem Fachgebiet
- als Einstieg in ein für Sie noch unbekanntes Themenfeld
- als Einblick, um zum Thema mitreden zu können

Die Bücher in elektronischer und gedruckter Form bringen das Fachwissen von Springerautor*innen kompakt zur Darstellung. Sie sind besonders für die Nutzung als eBook auf Tablet-PCs, eBook-Readern und Smartphones geeignet. *essentials* sind Wissensbausteine aus den Wirtschafts-, Sozial- und Geisteswissenschaften, aus Technik und Naturwissenschaften sowie aus Medizin, Psychologie und Gesundheitsberufen. Von renommierten Autor*innen aller Springer-Verlagsmarken.

Weitere Bände in der Reihe https://link.springer.com/bookseries/13088

Christer Petersen

Kunst der Provokation

Eine Einführung in die
Skandalforschung

 Springer VS

Christer Petersen
Cottbus, Deutschland

ISSN 2197-6708   ISSN 2197-6716 (electronic)
essentials
ISBN 978-3-658-37311-5   ISBN 978-3-658-37312-2 (eBook)
https://doi.org/10.1007/978-3-658-37312-2

Die Deutsche Nationalbibliothek verzeichnet diese Publikation in der Deutschen Nationalbibliografie; detaillierte bibliografische Daten sind im Internet über http://dnb.d-nb.de abrufbar.

Planung/Lektorat: Barbara Emig-Roller
Springer VS ist ein Imprint der eingetragenen Gesellschaft Springer Fachmedien Wiesbaden GmbH und ist ein Teil von Springer Nature.
Die Anschrift der Gesellschaft ist: Abraham-Lincoln-Str. 46, 65189 Wiesbaden, Germany

Was Sie in diesem *essential* finden können

- einen Überblick über den aktuellen Stand der Skandaltheorie
- und damit die Darstellung der konsensfähigen Merkmale der Akteure, Themen und Verläufe sowie der kommunikativen Verfahren und Ökonomien von Skandalen
- die Fallstudie eines klassischen Medienskandals
- und damit eine exemplarische Studie auf der Basis der (favorisierten) Methode der quantitativ-qualitativen Inhaltsanalyse
- einen Ausblick auf eine populistische Kunst der Provokation als Verfahren der Aufmerksamkeitserzeugung

Vorwort

Skandale rufen nicht nur öffentlich Empörung hervor, sie bestehen aus eben dieser öffentlichen Empörung, die entweder als Spektakel auf der großen Bühne der
Massenmedien schon bald wieder verpufft oder, nachhaltiger, zum Regulativ politischer Verfehlungen und gesellschaftlicher Missstände wird. Missstände werden
aufgedeckt, dem öffentlichen Urteil preisgegeben, sanktioniert und schließlich
abgestellt, so zumindest die Vorstellung, in gewisser Weise auch die Hoffnung
einer funktionalistischen Skandaltheorie. Skandalverläufe erweisen sich jedoch
als komplexer und rufen mit der breiten Empörung des Publikums auch immense
Aufmerksamkeitspotenziale hervor, aus denen noch ganz andere Begehrlichkei-
ten resultieren als die der moralischen Beurteilung von Verfehlungen. So werden
Skandale nicht nur im Rahmen einer ‚Kunst der Provokation' als Aufmerksam-
keitsgeneratoren im großen Stil genutzt, sie bedienen insbesondere auch einen
Voyeurismus, der mitunter bis in die Skandalforschung selbst hineinreicht, wenn
etwa die methodisch saubere Analyse und theoretische Modellierung von Skandalverläufen durch eine moralisierende, bestenfalls ironisierende Nacherzählung
einzelner Skandale ersetzt wird.

Genau dem will diese Einführung in die Skandalforschung entgegenwirken,
durchaus auch der Lust am Nacherzählen von Skandalverläufen. Dabei stellt sie
den Anspruch, sich gerade nicht, wie so oft geschehen, darin zu gefallen und
zu erschöpfen, Skandale und ihre Folgen für die Beteiligten wiederzugeben und
irgendwie (moralisch) zu bewerten, sondern zielt auf ein ganz anderes Vergnügen,
das Vergnügen der distanzierten und methodisch reflektierten wissenschaftlichen
Auseinandersetzung mit dem Phänomen des modernen Skandals. Daher soll, um
eine solche Auseinandersetzung mit Skandalen überhaupt erst zu ermöglichen, in
einem ersten Schritt ein systematischer Überblick über den aktuellen Stand der
Skandaltheorie gegeben werden. In einem zweiten Schritt werden die Thesen und

Konzepte dieser Theorie dann in einer Fallstudie angewandt, um sie in der Praxis vorzuführen und im Zuge dessen – keinesfalls in Gänze, aber doch in weiten Teilen – empirisch zu validieren.

Zunächst und zuvorderst möchte ich jedoch der Kommunikationswissenschaftlerin Kristin Bulkow danken, die ganz entscheidend zu diesem *essential* beigetragen hat. Im Jahre 2010 haben wir an der Brandenburgischen Technischen Universität gemeinsam eine Tagung zur Skandalforschung veranstaltet, deren Ergebnisse in einem Band mit 14 Beiträgen und einer ausführlichen Einführung zur Skandalforschung publiziert worden sind. Dieser gemeinsame Band (Bulkow und Petersen 2011) sowie eine Reihe von Artikeln, die ich in der Folge veröffentlicht habe (Petersen 2014, 2018, 2021a, b), stellen die Grundlage für das vorliegende *essential* dar, dessen stille Koautorin Kristin Bulkow ist.

Christer Petersen

Inhaltsverzeichnis

Über den Autor

Dr. Christer Petersen ist Professor für Angewandte Medienwissenschaften an der Brandenburgischen Technischen Universität in Cottbus

Der moderne Skandal: Skandaltheorie 1

Wenn Jean Baudrillard (1976, S. 28) in einem seiner frühen Essays über Watergate und damit über das Beispiel eines modernen politischen Skandals gleichermaßen beiläufig wie selbstverständlich behauptet: „Watergate ist kein Skandal – das gilt es auf jeden Fall festzuhalten", dann liegt dem ein Skandalbegriff zugrunde, der mit der Offenlegung einer Verfehlung auch impliziert, dass die Verfehlung als Abweichung von der Norm eine Ausnahme darstellen muss. Und genau darum, weil Watergate in Baudrillards Beschreibung des westlichen Kapitalismus und seiner Institutionen, der Wissenschaft, der Justiz, der Medien und eben der Politik, keine Ausnahme darstellt, dürfe Watergate nicht als Skandal gelten. Vielmehr sei es mit dem ‚Watergate-Skandal' bloß „gelungen, den Eindruck zu erwecken, dass es tatsächlich einen Skandal gegeben" habe, um damit „der Gesellschaft wieder eine ordentliche Dosis politische Moral" zu verabreichen (1976, S. 27), eine politische Moral, die es in einer kapitalistischen Gesellschaft für Baudrillard nicht mehr gibt und die es für ihn nie gegeben hat: „Watergate war nur eine Falle, die das System seinen Gegnern gestellt hat – die Simulation eines Skandals" (1976, S. 29).

Diese Interdependenz von Skandal und Norm, die reziproke Konstruktion des einen im anderen, lässt den Skandal nicht allein für den Soziologen und Medienphilosophen Baudrillard zu einem Phänomen gesteigerten Interesses avancieren. Vielmehr scheint sich der Skandal als Untersuchungsobjekt in keiner bestimmten Disziplin verorten zu lassen, da er in seiner komplexen kommunikativen Struktur die Aufmerksamkeit einer Vielzahl geistes- und sozialwissenschaftlicher Disziplinen weckt, unter anderem der Medien- und Kommunikationswissenschaft, der Historiografie, Politologie und Soziologie sowie der Literatur-, Kunst- und Kulturwissenschaft. So offenbart bereits ein kursorischer Blick auf einige Skandale der letzten Dekaden: Skandale machen nicht nur Normverletzungen in großem Stil sichtbar und produzieren öffentliche Empörung über ein (vermeintliches) Fehlverhalten, sondern legen im Verstoß die Regeln und Normen der jeweiligen

© Der/die Autor(en), exklusiv lizenziert an Springer Fachmedien Wiesbaden GmbH, ein Teil von Springer Nature 2022
C. Petersen, *Kunst der Provokation*, essentials,
https://doi.org/10.1007/978-3-658-37312-2_1

diskursiven und performativen Praxis – gerade auch für die wissenschaftliche Analyse – offen.

Während beispielsweise in der Endphase der Bush-Administration Verletzungen des Kriegs- und Menschenrechts in Haditha, Abu Ghraib oder Guantanamo von den westlichen Medien skandalisiert wurden, empörte man sich in denselben Medien kurz nach den Anschlägen des 11. Septembers 2001 vorzugsweise über Äußerungen, die nicht konform gingen mit der Selbstinszenierung der USA als singuläres Opfer (Butler 2004, S. 3 ff.). So etwa über Karlheinz Stockhausens Statement, die Anschläge seien „das größte Kunstwerk, was es je gegeben hat, [...] das es überhaupt gibt für den ganzen Kosmos" (Stockhausen 2001, S. 76 f.). Zugleich zeigt das Beispiel, wie sich Skandale über ihren jeweiligen Diskurs hinaus ausweiten können: Das (durchaus fahrlässige, aber ausdrücklich so gemeinte) künstlerische Statement eines Komponisten wird hier zu einem Politikum. Auch scheint das, was als skandalträchtig gilt, nicht nur stets historisch, sondern auch medial bedingt. Erst im Verstoß gegen ein jeweils gültiges Tabu und im Rahmen massenmedialer Verbreitung kann sich ein Skandal voll entfalten, heute überhaupt erst zu einem solchen werden. Das gilt sowohl für politische, wirtschaftliche und kulturelle als auch für genuin mediale Skandale, Skandale in und über (Massen-) Medien,[1] wie etwa Marcel Reich-Ranickis ‚Wutrede' über den vermeintlichen Verfall der Fernsehkultur anlässlich der Verleihung des Deutschen Fernsehpreises 2008, Janet Jacksons ‚Nipplegate', die 2004 während der TV-Liveübertragung des 38. Super Bowl im Rahmen eines inszenierten Missgeschicks ihre Brust entblößte, oder die politischen Enthüllungen von WikiLeaks und ihrem Gründer Julian Assange im Jahre 2010, der schließlich selbst zum Objekt einer Skandalkampagne um sein vorgeblich kriminelles Sexualverhalten während eines Aufenthalts in Schweden wurde.

Die Beispiele zeigen nicht zuletzt auch, dass ein Skandal in dem Moment, in dem er der Öffentlichkeit präsentiert wird, mediale Kampagnen und Gegenkampagnen auslöst, die um eine Vorherrschaft in der öffentlichen Meinung streiten, und, je nachdem, wofür oder wogegen sie eintreten, gesellschaftliche Normen re- oder dekonstruieren. Das gilt für politische Skandale ebenso wie etwa für Skandale im Kunst- und Kulturbetrieb, wobei sich Erstere und Letztere – zumindest traditionell – deutlich voneinander unterscheiden. Während im Rahmen von Kunstskandalen Provokationen lanciert werden, um mediale Aufmerksamkeit, Bekanntheit und Berühmtheit zu generieren und sich so im Kunstbetrieb und letztlich auch am Kunstmarkt durchzusetzen, gilt für einen Skandal, in den ein

---

[1] Ich werde den Begriff ‚medialer Skandal' im Folgenden noch ausdifferenzieren, in ‚medialisierter Skandal' auf der einen und ‚Medienskandal' auf der anderen Seite.

politischer oder anderer Amtsträger involviert ist, dass der Skandal, selbst wenn das Skandalon nicht justiziabel ist, die Bekanntheit einer politischen Person zwar noch steigern mag, aber zu erheblichen Schäden an der Reputation und mitunter auch zum Amtsverlust führt. Man denke etwa an den Rücktritt von US-Präsident Richard Nixon 1974 als Folge des Watergate-Skandals und eines gegen ihn eingeleiteten Amtsenthebungsverfahrens oder auch an Bill Clinton, der im Zuge der Lewinsky-Affäre 1998 ein solches Verfahren zwar erfolgreich, aber eben nicht ohne einen erheblichen Reputationsverlust durchlief. Ob dies auch heute noch für populistische Politiker, Demagogen vom Schlage eines Donald Trump gilt, der sowohl in einem ersten Amtsenthebungsverfahren im Jahre 2019 als auch in einem zweiten am Ende seiner Amtszeit 2021 (knapp) freigesprochen wurde,[2] wäre noch zu überprüfen. Zunächst gilt es jedoch, sich einen Überblick über den Stand der Skandaltheorie zu verschaffen und sich so dem Phänomen des ‚modernen Skandals‘ in seinen Konstituenten und Themen, seinen spezifischen Kommunikationsweisen und Ökonomien zu nähern.

1.1   Konstituenten des Skandals

Kaum eine Studie zur Skandalforschung kam und kommt ohne den Hinweis auf „das breite Alltagsverständnis des Skandalbegriffs" (Kraus 2014, S. 12) und, daraus resultierend, der definitorischen Eingrenzungen desselben aus. Der Skandalbegriff, der aus diesen theoretischen Bemühungen hervorgegangen ist, hat dabei bis in die 2010er Jahre hinein deutlich an Kontur gewonnen, sodass inzwischen ein weitgehender, durchaus interdisziplinärer Konsens darüber besteht, was einen Skandal ausmacht, welche Rollen die daran Beteiligten einnehmen und welche Phasen Skandale in der Regel durchlaufen. So findet unter anderem Sighard Neckels ‚Skandaltriade‘ in der Skandalforschung noch immer eine breite Anwendung. Nach dieser sind an einem Skandal mindestens folgende Akteure beteiligt: „der Skandalierte (der einer Verfehlung von öffentlichem Interesse öffentlich bezichtigt wird), der Skandalierer (einer, der diese Verfehlung öffentlich denunziert), so wie ein, oder besser: mehrere Dritte, denen über das, was zum Skandal geworden ist, berichtet wird und die daraufhin eine wie auch immer geartete Reaktion zeigen" (1989, S. 58 f.). Eine solche Differenzierung der Akteure macht bereits deutlich, dass es sich bei einem Skandal um einen dynamischen Prozess

---

[2] Zwar erklärte der Senat Trump am 13. Februar 2021 und damit kurz nach dem Ende seiner Amtszeit mit 57 zu 43 Stimmen der Anstiftung zum Aufruhr im Zuge der sogenannten Capitol Riots für schuldig, da jedoch die für eine Verurteilung notwendige Zweidrittelmehrheit nicht zustande kam, endete das Impeachment-Verfahren mit einem Freispruch.

handelt. Jeder einzelne Akteur bzw. jede Akteursgruppe reagiert auf die Handlung der anderen. In vereinfachter Form lässt sich der Skandal somit wie folgt umreißen: Eine Handlung des Skandalierten führt zu einer Handlung des Skandalierers, Dritte reagieren wiederum auf diese beiden Handlungen.

Der Ablauf eines tatsächlichen Skandals ist dennoch meist komplexer. Um diese dynamischen Prozesse systematisch zu untersuchen, hat sich die Unterteilung in mehrere Skandalphasen durchgesetzt. In Anlehnung an Luhmanns Phasen einer Themenkarriere (Luhmann 1971, S. 18 f.) lassen sich beispielsweise Latenz-, Aufschwung-, Etablierungs- und Abschwungphase unterscheiden (Burkhardt 2006, S. 178 ff., 2011, S. 141 ff.). In der Latenzphase ist der eigentliche Inhalt des Skandals, die skandalöse Handlung, angesiedelt. Die Enthüllung dieser Tat fällt in die Aufschwungphase. In dieser Phase erfolgt die Veröffentlichung der Handlung in den Medien. In der Etablierungsphase findet die Bewertung als Skandal statt, die aus der hervorgerufenen öffentlichen Empörung über die Tat resultiert. Dabei können sich auch die Konsequenzen für den Skandalierten ergeben, die auf die Abstellung des Missstandes zielen. Gleichzeitig setzt damit die Abschwungphase des Skandals ein. Je nach Verlauf des Skandals ist auch eine mögliche „Rehabilitationsphase" im Anschluss an den eigentlichen Skandal denkbar (Burkhardt 2011, S. 143).

Trotz der definitorischen Fortschritte ist und bleibt der Skandal jedoch ein gesellschaftliches Phänomen, das in seinem Verlauf kaum zu prognostizieren ist. So können etwa potenzielle Skandale, die augenfällig alle von der Forschung ausgemachten Kriterien eines ‚erfolgreichen Skandals' erfüllen, dennoch folgenlos verpuffen. Eine Erklärung für diesen Umstand zeichnet sich ab, wenn man den Skandal als Zwei-Ebenen-Konstrukt betrachtet. Auf der ersten Ebene lässt sich der Sachverhalt verorten, auf den Bezug genommen wird. Auf der zweiten Ebene ist der Vorgang der Skandalisierung selbst situiert, welcher als komplexes Kommunikationsverfahren begriffen werden muss (Pundt 2008, S. 211).

1.2   Inhalte des Skandals

Auf der ersten Ebene sind somit die Themen oder Inhalte von Skandalen zu verorten. Darüber, worum es im Skandal geht, was als Skandalon, als skandalträchtiger Stein des Anstoßes erachtet wird, besteht in der Skandalforschung ein interdisziplinärer Konsens. Hierunter wird ausnahmslos eine Normverletzung, ein Verstoß gegen das in einer Gesellschaft vorherrschende Wertesystem, verstanden (Neckel 1989, S. 57). Folglich gilt für Skandale: Nur das Handeln von Menschen kann potenziell skandalös sein. Ein Skandal ist ein „menschliches Phänomen" und somit immer auch an Individuen gebunden (Neu 2004, S. 4). Zwar können auch Handlungen von Institutionen, Organisationen oder sozialen Gruppen skandalisiert werden, dennoch werden auch dann die Normverstöße meist Individuen als persönlich zu verantwortende Handlungen zugeschrieben (Konken 2002, S. 23 f.), was sich häufig in den personalen Konsequenzen äußert, die als Folge von Skandalen gezogen werden. So kommt etwa John B. Thompson, der vor allem politische Skandale adressiert, zu dem Schluss: „a scandal is a phenomenon where individuals' reputations are at stake" (2000, S. 22), was ja eindrucksvoll an der oben angeführten Reihe der mit einem Impeachment-Verfahren bedrohten US-Präsidenten und deren damit verbundenem Reputationsverlust sichtbar wird.

Da bestimmte Normen und Werte zugleich an bestimmte Gesellschaften gebunden sind, werden in unterschiedlichen Kulturen einerseits unterschiedliche Normen bedeutsam: Was als skandalös gilt, differiert von Kulturkreis zu Kulturkreis. Andererseits kann es, beispielsweise durch Modernisierungsprozesse, zu einem Wertewandel innerhalb einer Gesellschaft kommen. Werthaltungen, die etwa im 19. Jahrhundert handlungsleitend waren, müssen es nicht in der heutigen Gesellschaft sein und vice versa: „Was zu einer bestimmten Zeit unzulässig ist, führt zu einem anderen Zeitpunkt nicht zwangsläufig zum Skandal" (Bösch 2006, S. 26). Daher scheint es, auch wenn das in die Skandalforschung bisher keinen Eingang gefunden hat, dringend geboten, einen Wertewandel (durchaus im Anschluss an Thomas S. Kuhn)[3] als Paradigmenwechsel zu beschreiben, um nicht dem Irrglauben zu verfallen, dass es im Gegensatz zu rückständigen Gesellschaften moderne und fortschrittliche Gesellschaften gebe, die gänzlich liberal seien oder es zukünftig sein werden. Auch unsere so moderne ‚westliche Gesellschaft' kennt spezifische Tabus, die andere Gesellschaften nicht kennen, und wird mit dem Verlust alter Normen und Tabus immer wieder auch neue etablieren. Man denke etwa an die Kindheit, die in unserer Gesellschaft zusehends als schützenswert betrachtet wurde und wird, was eben auch die Menge der potenziellen Normverletzungen im Umgang mit Kindern erhöht. Das gilt analog etwa auch für alle Formen der sexuellen Nötigung. So zeigten zuletzt der Skandal um den Filmproduzenten Harvey Weinstein und die daraus resultierende #MeToo-Bewegung, dass sich die Sensibilität für sexuell übergriffiges Verhalten generell gesteigert und sich das Normensystem in diesem Bereich ebenfalls deutlich geschärft hat.

---

[3] Kuhn (1997) stellt ausdrücklich heraus, dass Wissen – im Bereich der Naturwissenschaften – nicht akkumulativ anwächst, sondern sich im Rahmen von Paradigmenwechseln ändert, dass neues Wissen hinzukommt, aber auch altes verloren geht. Genauso werden im Rahmen gesellschaftlicher Entwicklung Normen nicht einfach immer mehr abgebaut, sondern sie ändern sich: Einige Normen lösen sich auf, andere weiten sich aus oder kommen neu hinzu.

1.3   Skandalisierung als Kommunikationsverfahren

Ob eine Normverletzung jedoch zum Skandal wird, entscheidet sich erst auf einer zweiten Ebene des Skandals, der Ebene der Kommunikationsverfahren der Skandalisierung. So ist die Verfehlung „nur der erste Schritt zum Skandal" und seine „Enthüllung [...] der notwendige zweite Schritt" (Hondrich 2002, S. 15), hier erst wird der (vermeintliche) Fehltritt öffentlich gemacht. Und da das Herstellen einer Öffentlichkeit in modernen Gesellschaften hauptsächlich über die Massenmedien erfolgt, gilt: „Ohne Medien gäbe es Skandale allenfalls auf dem lokalen Niveau [...]. Medien machen aus latenten Skandalen manifeste Skandale, und zwar durch ‚Enthüllungen'" (Preiser 1990, S. 15 f.). Strenggenommen macht aber auch die mediale Enthüllung aus einer Normverletzung noch keinen Skandal. Vielmehr ist dafür „der dritte Schritt" der breiten öffentlichen Empörung oder Entrüstung notwendig (Hondrich 2002, S. 15). Erst in diesem wird die skandalöse Handlung zum Skandal und öffentlich als ein empörender Verstoß gegen geltende Normen bewertet (Kamps 2007, S. 260).

Vor dem Hintergrund einer breiten öffentlichen Empörung, die in den westlichen Mediengesellschaften durch Massenmedien generiert wird, kann es zwar grundsätzlich sinnvoll sein, mit Steffen Burkhardt im Anschluss an Thompson (2000, S. 61) zwischen „Skandalen", „medialisierten Skandalen" und „Medienskandalen" nach dem (zunehmenden) Grad der Veröffentlichung zu unterscheiden (Burkhardt 2011, S. 133). Jedoch gilt für den hier adressierten modernen Skandal, einen Skandal also innerhalb einer modernen Mediengesellschaft, dass dieser zwar nur regionale, nationale und soziale Teilöffentlichkeiten betreffen kann, aber in der Regel doch mehr adressiert als nur die „Präsenzöffentlichkeit" einer kleinen Gruppe, also öffentlicher, weil massenmedial weiter verbreitet ist als etwa das von Burkhardt angeführte Beispiel einer Affäre des Dorfpfarrers „mit seiner Haushälterin", über die man sich „unter den örtlichen Gemeindemitgliedern" empört (2011, S. 133). Aufgrund dessen gelten im Folgenden nur medialisierte Skandale als eigentliche Skandale. Ein Medienskandal wird dagegen als Subkategorie des Skandals verstanden, indem im Rahmen eines Medienskandals die Medien selbst, deren Akteure oder Rezipienten skandalisiert werden.[4] Insofern können die eingangs angesprochenen Skandale um Janet Jacksons Nipplegate und Julian Assanges WikiLeaks zwar wie alle modernen Skandale als medialisierte Skandale, aber eben nicht als Medienskandale gelten, im Gegensatz zu Marcel Reich-Ranickis Fernsehpreisskandal, bei dem der damalige ‚Literaturpapst',

---

[4] Das entspricht auch der Terminologie wie sie Mathias Kepplinger (2018, S. 10 ff.) in Abgrenzung zu Burkhardts Vorschlag äußerst differenziert diskutiert und letztlich favorisiert.

unterstützt durch die deutschsprachigen Printmedien, ausdrücklich die mangelnde Qualität des öffentlich-rechtlichen Fernsehens samt dessen vermeintlich verfehltem Bildungsauftrag skandalisierte (wie in Kap. 2 noch im Einzelnen zu zeigen sein wird).

Ob Medienskandale, Politikskandale, Wirtschaftsskandale, Kunst-, Kirchen- oder andere Skandale, für alle gilt: Im Zuge der Skandalisierung wird moralische Sensibilität reproduziert und so das „Bewußtsein für Grenzen" geschärft (Hondrich 2002, S. 64). In der funktionalistischen Skandaltheorie erscheinen Skandale deshalb auch als durchaus zweckdienlich für die Gesellschaft, weil im Zuge eines Skandales auf Missstände aufmerksam gemacht wird, Skandale zur Stärkung der sozialen Normen beitragen können und in ihrer Konsequenz zur Abstellung von Missständen zwar nicht führen müssen, aber durchaus führen können.[5] Allerdings ist die Wirkung von Skandalen auf Normen – im Widerspruch zur funktionalistischen Skandaltheorie (Kepplinger und Ehmig 2004, S. 363 ff.) – durchaus ambivalent. Indem Skandale moralisches Bewusstsein produzieren, sind sie immer auch in der Lage, einen öffentlichen Diskurs über die Normen selbst zu eröffnen, der in beide Richtungen ausschlagen kann, in Richtung einer Konsolidierung genauso wie in Richtung einer Verschiebung oder Auflösung der Norm. Skandaldiskurse versetzen Gesellschaften eben nicht nur in die Lage, Normverletzungen zu sanktionieren, sondern auch Normen und Werte neu auszuhandeln, und führen so potenziell auch zur Enttabuisierung eines Themenkomplexes (Bösch 2003, S. 125 ff.).

Gerade dies scheint oftmals im Interesse von Künstlern zu liegen. Über das Gelingen einer solchen Normverschiebung entscheiden aber nicht allein der Künstler und sein Werk, sondern der öffentliche Diskurs, wenn etwa die Empörung über einen Normverstoß in der öffentlichen Meinung in eine Akzeptanz anderer, modifizierter Normen umschlägt. So können beispielsweise literarische und filmische Darstellungen von expliziter oder normabweichender Sexualität einerseits Empörung hervorrufen, anderseits aber auch zur Akzeptanz eben dieser Art von offener und nun nicht mehr als abweichend empfundener Sexualität beitragen. Man denke etwa an die vielen Skandale und öffentlichen Diskussionen um Homosexualität (Kießling-Affäre, Zwangs-Outing, Homo-Ehe etc.), welche nur noch von konservativsten Kreisen als ‚abweichend‘ ausgegrenzt wird; ein Umstand, den man inzwischen selbst als skandalös empfindet. Augenscheinlich haben sich Normen

---

[5] Ich rekurriere hier nur auf eine ‚weiche‘ funktionalistische Skandaltheorie, zu überzeugenden Einwänden gegen eine strikte funktionalistische Skandaltheorie, aber auch generell gegen den methodologischen Sinn der „‚weicheren‘ Formulierungen von Theorien" Kepplinger und Ehmig (2004, S. 374).

verschoben, alte Tabus aufgelöst und neue etabliert: 1984 empörte man sich hierzulande noch darüber, dass der Vier-Sterne-General Günter Kießling homosexuell sei, 2011 darüber, dass der ‚Gangsterrapper' Bushido, trotz aggressiver homophober Songtexte, im Rahmen der 63. Bambi-Verleihung ausgerechnet mit einem Integrationspreis ausgezeichnet wurde. Und heute, zehn Jahre später, steht besagter Gangsterrapper nicht nur unter Polizeischutz vor echten Gangstern, sondern distanziert sich auch von seinen damaligen Songtexten gegen Polizisten und Schwule: „Det findest du heutzutage [...] nicht mehr in meinen Texten".[6]

Erfolgt allerdings – und das ist das Entscheidende – keine breite öffentliche Empörung oder verliert sich diese relativ schnell, ist die Skandalisierung und mit ihr auch die resultierende öffentliche Auseinandersetzung mit den vom Skandalon tangierten Normen und Werten gescheitert (Kepplinger 2009, S. 179), ist doch „das eigentliche Treibgas, das den Skandal hochgehen lässt, die Empörung einer relevanten Öffentlichkeit" (von Bredow 1992, S. 200). Wenn also Alice Schwarzer im Jahre 2013 einen Sammelband herausgibt und ihn mit *Prostitution. Ein deutscher Skandal* betitelt, dann ist das insofern richtig, als es gleichermaßen empörend wie skandalös ist, dass „etwa 90%" der vor allem weiblichen Prostituierten als „Armuts- oder Zwangsprostituierte" nach Deutschland kommen, dass mindestens „drei von vier Frauen in der Prostitution zu Drogen oder Alkohol greifen" und „zwei von drei Prostituierten im Job vergewaltigt werden" (Schwarzer 2013, S. 9 ff.). Allerdings handelt es sich dabei (noch) nicht um einen Skandal, es fehlt schlicht die breite öffentliche Empörung über ein Skandalon, das Schwarzer und ihre Mitautorinnen durchaus zu Recht aufzeigen und mit ihrer Schrift öffentlichkeitswirksam anklagen wollen.

Da eine breite öffentliche Empörung demnach von entscheidender Bedeutung für den Skandal ist, ihn erst zu einem solchen macht, sind die Faktoren von besonderem Interesse, die den Grad der Empörung beeinflussen und somit zum Gelingen einer Skandalisierung beitragen. Wie bereits ausgeführt, ist eine Handlung, die gegen das jeweils gültige Wertesystem einer Gesellschaft verstößt, die Basis, die notwendige (aber nicht bereits die hinreichende) Bedingung für einen Skandal. Dabei haben bestimmte Normverletzungen laut Neckel (1989, S. 58) und Thompson (2000, S. 15) zudem ein größeres Skandalpotenzial als andere. Dazu sollen insbesondere Normüberschreitungen im Zusammenhang mit Sexualität, Geld und politischer Macht zählen, was wiederum darin begründet liegen soll, dass „Geld, Macht und Sex [...] nun mal jedem anschaulich" seien (Laermann 1984, S. 171), womit wiederum die Wahrscheinlichkeit wachse,

---

[6] Ich zitiere Bushido, bürgerlich Anis Ferchichi, nach der Talkshow *Chez Krömer* vom 15. November 2021 auf rbb (Krömer und Ferchichi 2021).

dass solche Vorgänge von den zunehmend publikumsorientierten Massenmedien überhaupt aufgegriffen und einem breiten Publikum zugänglich gemacht werden (Sarcinelli 2009, S. 113). Die Veröffentlichungswahrscheinlichkeit sei auch dann als größer einzuschätzen, wenn es im Vorfeld bereits ähnliche Ereignisse gegeben habe, zumindest dann, wenn diese den „Charakter von Schlüsselereignissen" haben (Rauchenzauner 2008, S. 21). Diese beeinflussen die (anhand von „Nachrichtenfaktoren" als „Nachrichtenwert" bestimmbaren) journalistischen „Selektionskriterien" (Petersen 2015, S. 328 ff.). Ereignisse, die den Schlüsselereignissen ähneln, haben dabei unabhängig vom ursprünglichen Nachrichtenwert eine höhere Chance, veröffentlicht zu werden (Esser et al. 2002, S. 18). Wurde beispielsweise gerade ein Lebensmittelskandal öffentlich gemacht, erhöht sich die journalistische Sensibilität für weitere Verstöße in der Lebensmittelproduktion, womit sich wiederum die Wahrscheinlichkeit erhöht, dass ein solcher Verstoß (in und von den Medien) ebenfalls skandalisiert wird.

Grundsätzlich und ausdrücklich als Basis jeder Publikationswahrscheinlichkeit gilt aber, dass ein skandalträchtiger Normverstoß, ein Skandalon abhängig von seinem Nachrichtenwert medial selektiert und publiziert wird. Betrachtet man zudem die Nachrichtenfaktoren, über die in der Publizistik und Kommunikationswissenschaft ein weitgehender Konsens besteht, dann zeigt sich eine deutliche Affinität von skandalrelevanten Themen respektive Inhalten nicht zu allen, aber zu den meisten Faktoren, welche den Nachrichtenwert von Nachrichtenmaterial, „the newsworthiness of news stories" bestimmen (Kepplinger 2008, S. 3282). So zählen zum Standardkanon der Nachrichtenfaktoren insbesondere die sieben folgenden: „*Einfluss* und *Prominenz* der Akteure sowie die *Personalisierung* von Nachrichten, die *Reichweite* bezüglich der Anzahl der von den berichteten Fakten [...] betroffenen Personen, politische, kulturelle und geografische *Nähe* und zuletzt *Negativismus* hinsichtlich der berichteten Sachverhalte sowie *Emotionalität* der Sachverhalte und ihrer Darstellungsweise" (Petersen 2015, S. 239).[7]

Dass Skandale – übereinstimmend mit den Faktoren „Personalisierung", „Negativismus" und „Emotionalität" – vor allem personalisierte Normverletzungen aufgreifen und dass diese als negative Ereignisse in der Regel auch emotional

---

[7] Wobei die einzelnen Autoren ihre nicht immer trennscharf konstruierten Faktoren zum Teil unterschiedlich benennen. Während etwa Thomas Wolf-Klostermann (2003, S. 204) ausdrücklich von „Negativismus" spricht, findet sich Negativismus bei Benjamin Fretwurst (2008, S. 178 ff.) nur implizit als Metakategorie für die Faktoren „Aggression/Gewalt", „Kriminalität", „Schaden/Misserfolg" und „Tragik". Winfried Schulz (1976, S. 34) nennt den Faktor „Negativismus" dagegen bereits explizit, differenziert ihn zusätzlich aber in die Subfaktoren „Konflikt", „Kriminalität" und „Schaden" aus.

bewertetet werden, liegt gleichsam in der Natur des Skandals. Und während die „Reichweite" und „Nähe" des Skandalons vom jeweiligen Thema abhängig sind, das der Normverstoß adressiert, gilt wiederum konform zu den Nachrichtenfaktoren „Einfluss" und „Prominenz", dass für das Skandalpotenzial von besonderer Relevanz ist, *wer* die potenziell skandalöse Handlung, den Normverstoß begeht: „Individuals who, by virtue of their positions or affiliations, espouse or represent certain values or beliefs [...] are especially vulnerable to scandal, since they run the risk that their private behavior may be shown to be inconsistent with the values or beliefs which they publicly espouse". Thompson (2000, S. 40 f.) macht damit deutlich, dass gerade auch die Subjektqualität, der öffentliche Status und das Renommee einer Person ausschlaggebend dafür sind, ob ein Normverstoß als Skandal bewertet wird. Wenn eine Person zudem durch ein ihr übertragenes Amt öffentlich für bestimmte Werte einsteht, gilt auch ein privates Zuwiderhandeln des Funktionsträgers als potenziell skandalös. Die moralische Fallhöhe, unentbehrlich für einen Skandal (Enzensberger 1991, S. 234), ist dann besonders groß, wenn bestimmte Erwartungen an eine Person durch deren skandalöses Handeln enttäuscht werden (Hitzler 1989, S. 334). Dabei sind die Erwartungen an Personen wiederum auf jeweils spezifische Normbereiche bezogen. So können dieselben Normverstöße bei einigen Personen als skandalös bewertet werden, bei anderen dagegen nicht: „No one is surprised by pop singers or film stars who sleep around or experiment with drugs but, if a president or a pope engaged in such behavior, there would be a major scandal" (Williams 1998, S. 6).

Darüber hinaus steigern die Faktoren Status bzw. Einfluss und Prominenz desjenigen, der gegen eine Norm verstößt, nicht nur die Wahrscheinlichkeit der Selektion durch die Massenmedien und leisten somit einer breiten Empörung Vorschub, sondern wirken auch aufseiten des Skandalierers, desjenigen, der den Missstand in den Medien und durch die Medien anprangert. Auch hier ist der „Status des Absenders einer Kommunikation" nicht nur allgemein (Luhmann 1971, S. 17), sondern speziell für die Skandalisierung von entscheidender Bedeutung. Dies gilt ebenfalls, wenn die Rolle des Skandalierers allein von den Medien selbst übernommen wird. Skandalisierungen durch Meinungsführermedien, wie im deutschsprachigen Raum etwa durch den *Spiegel* oder die *Tagesschau* bzw. *spiegel.de* und *tagesschau.de* (Bönisch 2006, S. 89), können andere Qualitäten und Quantitäten haben als Skandalisierungen durch weniger angesehene und publikumsstarke Medien. Das liegt nicht nur daran, dass Themen, die in solchen ‚Leitmedien' aufgegriffen werden, häufiger auch von anderen Medien berichtet werden, sondern begründet sich vor allem darin, dass *nur* diese Leitmedien inklusive ihrer digitalen Angebote eine so große Reichweite haben, dass sie die für einen Skandal benötigte breite Öffentlichkeit herstellen können.

Das kollidiert insbesondere auch mit Bernhard Pörksens und Hanne Detels These vom ‚digital entfesselten Skandal', nach der in den digitalen Medien und insbesondere den sozialen Medien heute jeder alles verbreiten und so nach Belieben Skandale produzieren kann. Wenn es da heißt: „Jeder kann heute effektiv skandalisieren, wenn es ihm gelingt, Aufmerksamkeit zu erregen. [...] Verbreitungsmedien im Social Web, also Netzwerk- und Multimedia-Plattformen wie Facebook, Twitter oder YouTube, persönliche Websites und Wikis sind die *neuartigen Instrumente solcher Skandalisierungsprozesse.* Sie liegen heute in den Händen aller", und weiter bezogen auf Skandalierer wie Skandalierte: „Status, Prominenz und Macht sind keine Voraussetzung mehr für die effektive Skandalisierung, [...] gesellschaftliche Fallhöhe ist heute kein Schlüsselkriterium mehr" (Pörksen und Detel 2012, S. 23 f., Hervorhebung im Original), so scheint das etwas vorschnell argumentiert. Denn tatsächlich gab es ja immer auch die Möglichkeit, als Individuum mittels klassischer unidirektionaler Massenmedien einen Skandal zu lancieren, womit die auf den Skandalierer bezogenen Selektionskriterien (Nachrichtenfaktoren) eben nicht durch die multidirektionalen Web-Medien außer Kraft gesetzt sind. Ferner ist zu bezweifeln, dass es nicht auch innerhalb solcher medialen Diskurse wesentlich mehr Erfolg versprechend ist, eine Person mit „Status, Prominenz und Macht" zu skandalisieren, sodass diese Faktoren ebenso wie der Gesichtspunkt der „Fallhöhe" auch weiterhin Geltung beanspruchen können. Vor allem anderen aber bedarf es immer noch der klassischen Massenmedien und deren publizistischer Reichweite, um eine *breite* öffentliche Empörung und somit erst einen modernen Skandal (im hier definierten Sinne) zu produzieren. Das geschieht auch heute nicht allein in den und durch die Web-Medien. Eine Skandalisierung mag dort ihren Anfang nehmen, hinreichend weit verbreitet wird sie jedoch erst durch die klassischen Massenmedien (Breidenbach 2022). Im Grunde wissen das aber auch Pörksen und Detel (2012, S. 29), wenn es bei ihnen einige Seiten später heißt: „Es ergibt wenig Sinn, die etablierten Massenmedien gegen die digitalen Medien auszuspielen, vielmehr brauchen sie sich wechselseitig: In der Blogosphäre wird der Empörungsvorschlag lanciert, getestet, ausprobiert und variiert – und dann von Zeitungen und Zeitschriften, Netzmedien und dem Fernsehen mit der nötigen Wucht versorgt".[8]

---

[8] Noch deutlicher wird diesbezüglich Matthias Kepplinger (2018, S. 59 f.), zumindest was die deutschsprachige Medienlandschaft angeht: „In allen Fällen entwickelten sich aus [Skandalisierungen im Netz] erst dann Skandale, wenn sie von traditionellen Medien aufgegriffen wurden. Ein Beispiel ist die monatelange Skandalisierung von Bildungsministerin Annette Schavan durch Internetquellen. Ein Skandal entwickelte sich daraus erst, als traditionelle Medien sich anschlossen und den Rücktritt Schavans forderten. Die entscheidenden Gründe

1.4   Ökonomien des Skandals

Da der Status des Skandalierers ebenso wie der des Skandalierten auch in der ‚schönen neuen Welt' der digitalen Medien von entscheidender Bedeutung ist, stehen im Skandalverlauf weiterhin der Status und damit auch die „Glaubwürdigkeit der Skandalakteure" auf dem Prüfstand (Kepplinger 2003, S. 54): zum einen die Glaubwürdigkeit, mit der der Skandalierte bis dato Normen vertreten hat (diese wird schließlich durch die Normverletzung erschüttert), zum anderen die Glaubwürdigkeit desjenigen sowie derjenigen Medien, die den Missstand anprangern. Auch deren Glaubwürdigkeit ist bei einer Skandalisierung stets gefährdet, denn „wer mit dem Finger auf andere zeigt, zeigt zugleich mit drei Fingern auf sich selbst" (Kamps 2007, S. 286). Sollte also dem Kritiker im Zuge der Skandalisierung seine Glaubwürdigkeit abhandenkommen, kann der ursprüngliche Skandal verpuffen oder durch eine Verschiebung des Skandals, durch die der Kritiker nun selbst ins Zentrum gerät, abgelöst werden. Man denke etwa an die Barschel-Affäre des Jahres 1987, die durch eine Lüge Björn Engholms vor dem dazugehörigen Untersuchungsausschuss einige Jahre später zu einer Affäre Engholm wurde und diesen vom Posten des schleswig-holsteinischen Ministerpräsidenten, SPD-Parteivorsitzenden und designierten Kanzlerkandidaten in den politischen Ruhestand beförderte.

Ob eine Skandalisierung erfolgreich verläuft, hängt also ganz entscheidend auch von dem Verhalten und den Kommunikationsstrategien der Skandalakteure im Verlauf der Enthüllung ab (Donsbach und Gattwinkel 1998, S. 46). Dabei gilt Luhmanns Hinweis „Im Falle von Skandalen kann es ein weiterer Skandal werden, wie man sich zum Skandal äußert" (Luhmann 1996, S. 61), für alle Akteure, die sich an der Skandalkommunikation beteiligen. Jede Handlung kann wiederum für sich skandalös sein. Im Besonderen gilt dies für die Handlungsoption des Skandalierten, den Sachverhalt zu bestreiten. Sollte es sich dabei um eine Lüge handeln und diese im weiteren Skandalverlauf aufgedeckt werden, verleiht dies dem Skandal oftmals eine weit größere Dynamik als der ursprüngliche Normverstoß (Imhof 2000, S. 59 f.). Lügen aufseiten des Skandalierers wiederum könnten einen neuen Skandal auslösen, hinter den selbst der Ausgangsskandal zurücktritt. Auch andere Akteure, die sich im Laufe eines Skandals äußern, wie etwa „Trittbrettfahrer" (Kepplinger 2009, S. 185), können im Zuge der Skandalkommunikation, willentlich oder unwillentlich, in den Skandal verwickelt werden oder einen neuen Skandal auslösen und so die Aufmerksamkeit

---

hierfür sind die Reichweite der traditionellen Medien und die Regelmäßigkeit, mit der sie genutzt werden."

vom ursprünglichen Skandal abziehen. Denn tatsächlich spielt neben einer Glaubwürdigkeitsökonomie eine *Ökonomie der Aufmerksamkeit,* wie sie Georg Franck
(2007) im Anschluss an Pierre Bourdieu skizziert hat, eine, wenn nicht die entscheidende Rolle im Rahmen des Skandalisierungsprozesses. So wie man als
Skandalierer und als Skandalierter, skandalisierendes Medium, Trittbrettfahrer
etc. Glaubwürdigkeit gewinnen und verlieren kann, wie man von seiner Reputation, sprich seinem ‚Glaubwürdigkeitskapital' profitieren kann, es gleichsam im
Skandalverlauf für sich arbeiten lassen oder es gänzlich und in Teilen verspielen
kann, so verhält es sich auch mit der Aufmerksamkeit, die ein Skandal einerseits produziert, anderseits benötigt, um überhaupt erst ein (moderner) Skandal
zu sein.

Zugleich wird es vor diesem Hintergrund möglich, einen Skandal je nach
Typus oder Domäne hinsichtlich seiner Ökonomie zu spezifizieren: Während bei
einem politischen Skandal, einem Skandal um eine Person in einem öffentlichen Amt,[9] die infrage stehende Glaubwürdigkeit des Skandalierten ebenso wie
die Glaubwürdigkeit des Skandalierers die entscheidende Rolle spielt, scheint
die Spezifik etwa eines Kunstskandals in der Möglichkeit, aber auch in der Not-
wendigkeit der Aufmerksamkeitserzeugung zu bestehen. Buchstäblich als Kapital
kann im Rahmen dieser ‚Skandalkunst' von beiden, Skandalierer wie Skandalier-
tem, eine bereits erworbene Bekanntheit im Zuge einer Skandalisierung genutzt
werden, nicht nur um die mediale Selektions- und Publikationswahrscheinlichkeit
zu erhöhen, sondern auch um die eigene Bekanntheit und damit das persönliche Aufmerksamkeitskapital nochmals zu steigern. Selbst öffentliche Ablehnung,
die ‚negative Bekanntheit' einer mangelnden Reputation inklusive einer geringen Glaubwürdigkeit, stellt in diesem Zusammenhang kein Problem dar, sondern
bedeutet vor allem eines: Bekanntheit und damit Aufmerksamkeitskapital. Jedoch,
und das ist die Kehrseite, muss man dieses Kapital erst erworben haben, um
es gewinnbringend einsetzen zu können. Auch täte man Malern, Schriftstellern,
Filmemachern und anderen Künstlern schlichtweg Unrecht, würde man ihnen
unterstellen, dass sie ihre Kunst nur betreiben, um öffentliche Aufmerksamkeit zu
erregen. Jedoch gilt für eine Skandalkunst, eine Kunst also, die sich der Mechanismen der Skandalisierung bedient, dass sie mittels wohlgesetzter Tabubrüche,

---

[9] Man mag sich über diese Protodefinition eines politischen Skandals streiten, man sollte es
sogar. Hier wie im Folgenden geht es mir jedoch nur um eine grobe Differenzierung zwischen dem, was man als Kunst-, und dem, was man als Politikskandal beschreiben kann.
Womit selbstverständlich nicht ausgeschlossen ist, dass ein Kunstskandal, wie eingangs
bereits erwähnt, zu einem Politikum wird und Politisches in künstlerische Werke Eingang
findet.

Normverletzungen und Provokationen auf Aufmerksamkeit in Form öffentlicher
Empörung zielt. In ebendiesen Möglichkeiten der Aufmerksamkeitserzeugung unterscheiden
sich Skandale der Kunst deutlich von denen der Politik. Bei beiden kann zwar
der Künstler bzw. Politiker als Skandalierer einer Normverletzung auftreten.
Künstler wie Politiker können auch (als Skandalierte) Opfer des Vorwurfs einer
Normverletzung werden. Jedoch haben Künstler im Gegensatz zu Politikern die
Möglichkeit, sich selbst und ihr Werk zu skandalisieren, sich und ihr Werk mittels
gezielter künstlerischer Provokationen in Szene zu setzen, um so Aufmerksamkeit
zu akkumulieren. Wie diese Aufmerksamkeit über ihren ökonomischen Mehr-
wert hinaus genutzt wird, hängt dann entscheidend vom Künstler und seinem
Werk, vom jeweiligen Skandal und dessen Verlauf ab. Der Zuwachs an Aufmerksamkeitskapital ist jedoch gewiss, wenn es denn gelingt, einen Skandal
loszutreten. Einbußen an Reputation und Glaubwürdigkeit im Zuge der Skandalisierung können dagegen weitgehend außer Acht gelassen werden, während
Reputation und Glaubwürdigkeit in der Politik die entscheidende Währung darstellen: Beides gilt es, nicht durch Skandale oder gar eine Selbstskandalisierung
zu verringern oder gänzlich zu verspielen. Genau das zeigen die Beispiele der
Amts- und Reputationsverluste von Nixon, Clinton und Engholm.

Ebenso eindrücklich wie zahlreich sind auf der anderen Seite auch die
Beispiele aufmerksamkeitsgenerierender Skandalkunst: Man denke etwa an die
Provokationen der Dadaisten und Surrealisten des frühen 20. Jahrhunderts, an
„den Blutsudler Hermann Nitsch" (Richter 2006) und die Wiener Aktionisten der
1960er Jahre oder zeitgenössisch an das Künstlerduo Iman Rezai und Rouven
Materne, die 2012 im Internet abstimmen ließen, ob sie „den Hammel Norbert guillotinieren" sollen.[10] Die Webseite wurde bereits in den ersten zehn
Tagen über zwei Millionen Mal angeklickt, insgesamt vier Millionen Teilneh-
mer stimmten ab. Fernsehen und Presse berichteten weltweit. Der Skandal war
lanciert, die öffentliche Empörung und mit ihr die Aufmerksamkeit um den
angekündigten Mord der bemitleidenswerten Kreatur waren enorm. Und selbst
wenn Norbert schließlich mit dem Leben davonkam, das aufmerksamkeitsgenerie-
rende Skandalon nur ein gesellschaftliche Normen auslotender Bluff war, konnten
und können Rezai, Materne und ihre Kunst noch lange von dem so generierten
Aufmerksamkeitskapital zehren.

---

[10] http://die-guillotine.com. Zwischenzeitlich wurde die Seite aus dem Netz genommen,
siehe daher als Dokumentation Schlag und Wenz (2013, ab 5:41).

1.5   Skandale als Forschungsgegenstand

Der Abriss der in der Forschung weitgehend konsensfähigen Konstituenten, Inhalte und Kommunikationsverfahren des Skandals hat gezeigt, wie voraussetzungsvoll und fragil der Prozess der Entstehung, Ausbreitung und Wirkung des Skandals ist. Dieser Komplexität des Skandals als sozialem wie medialem Phänomen mag es geschuldet sein, dass sich das Gros der Forschungsliteratur mit dem Verlauf einzelner Skandale befasst (hierzu etwa auch Beckmann 2006, S. 61 f.). Zugleich aber machen die Bandbreite an denkbaren Akteursgruppen und Inhalten, Kommunikationsformen und Ökonomien sowie deren vielfältige Interdependenzen den Skandal zu einem Gegenstand interdisziplinärer Forschung, deren Interesse weit über den Verlauf von Einzelfällen und den Untersuchungsbereich einer einzigen Disziplin hinausreicht, offenbart der Skandal doch Einblicke in die unterschiedlichsten Bereiche der gesellschaftlichen Wirklichkeit. So ermöglichen Skandale – über die Untersuchung einzelner Normverletzungen hinaus – grundsätzliche Rückschlüsse auf die jeweiligen Normen und Werte einer Gesellschaft zu einem bestimmten Zeitpunkt, aber auch im Wandel der Zeit. Und mehr noch, da moderne Skandale massenmedial vermittelt werden, bergen sie stets auch Potenziale der medialen „Selbstbeobachtung der Gesellschaft" (Luhmann 1996, S. 173). So werden einerseits Selektionskriterien für Medieninhalte an der Skandalkommunikation sichtbar, andererseits aber auch Veränderungen im Mediensystem selbst. Während, wie gesehen, die Selektionskriterien im Kontext etwa von Nachrichtenfaktoren und Schlüsselereignissen insbesondere in der Publizistik und Kommunikationswissenschaft bereits relativ breit untersucht sind, stellen systematische Untersuchungen zur selbstreflexiven Beobachtung von Medien durch Medien im Skandal allerdings ein Desiderat dar, das es noch intensiv zu bearbeiten und theoretisch zu modellieren gilt.

Einen ersten Ansatz dafür bietet Lorenz Engells *Kleine Philosophie des Fernsehskandals*. Engell (2005) arbeitet am Beispiel des Fernsehens ein wesentliches Potenzial von Skandalen heraus, welches er in der selbstreflexiven Offenlegung von medialen Redundanz- und Aufmerksamkeitsmechanismen lokalisiert. Allerdings sind gerade diese beiden Mechanismen einmal (mit der Redundanz) zu sehr an das Medium des Fernsehens selbst gebunden, das andere Mal (mit der Aufmerksamkeit) zu allgemein auf praktisch alle Medien anwendbar, als dass der Skandal als Ausgangspunkt und Medium der medialen Selbstbeobachtung damit bereits hinreichend erfasst wäre. Als aussichtsreicher, wenn nicht als Königsweg einer zukünftigen Skandalforschung, erscheint daher ein Ansatz, der (nicht nur Engells) theoriegeleitete Folgerungen um eine fundierte Empirie bereichert,

der deduktive mit induktiven, qualitative mit quantitativen Methoden verbin-
det. So etwa auch, wenn es darum geht, die immer wieder gern behaupteten
(etwa Christians 2005, S. 93), bis dato aber nicht systematisch untersuchten
Effekte der Normalisierung und Inflation einer auf Dauer gestellten Skandalisierung nachzuvollziehen. Diesen Forschungsfragen soll daher nun im Rahmen einer
quantitativ-qualitativen Inhaltsanalyse des bereits mehrfach gesteiften Fernsehpreisskandals des Jahres 2008 einmal exemplarisch nachgegangen werden. Dabei
gilt es zugleich, an einem konkreten Fallbeispiel die Theorie und Methode der
Skandalforschung (zumindest in weiten Teilen) empirisch zu validieren.

Der Fernsehpreisskandal: Fallstudie

Niemand wird sich beinahe 15 Jahre später noch erinnern können an ein so flüchtiges Ereignis wie einen Skandal in einem sich derzeit selbst verflüchtigenden Medium, dem linearen Fernsehen. Also erinnern wir uns gemeinsam, etwa anhand der auf YouTube verstreuten Aufzeichnungsschnipsel,[1] wie bei der Gala zum zehnten Deutschen Fernsehpreis am 11. Oktober 2008 der damals 88-jährige Literaturkritiker Marcel Reich-Ranicki den von ARD, ZDF, Sat.1 und RTL gestifteten Ehrenpreis für sein Lebenswerk ablehnte. Wir sehen dort, wie Moderator Thomas Gottschalk nach einer Laudatio und einem Einspieler mit Archivmaterial vor allem aus dem *Literarischen Quartett*[2] den designierten Ehrenpreisträger zum Rednerpult führt. Dort angekommen, schaut Reich-Ranicki auf seine Uhr, wischt sich mit einem Taschentuch über den Mund und beginnt:

> Meine Damen und Herren, ich habe in meinem Leben und in den 50 Jahren, die ich in Deutschland bin […], viele Literaturpreise bekommen, sehr viele, darunter auch die höchsten, wie den Goethepreis, den Thomas-Mann-Preis und einige andere. Und ich habe immer gedankt für diese Preise, wie es sich gehört. Und bitte verzeihen Sie mir, wenn ich offen rede: Es hat mir keine Schwierigkeiten bereitet, für die Preise zu danken. Heute bin ich in einer ganz schlimmen Situation. Ich muss auf den Preis, den ich erhalten habe, irgendwie reagieren. Der Intendant Schächter sagte mir, bitte, bitte, bitte, nicht zu hart. Ja, in der Tat. Ich möchte niemanden kränken, niemanden beleidigen oder verletzen. Nein, das möchte ich nicht, aber ich möchte auch ganz offen sagen: Ich nehme den Preis nicht an. Ich hätte das, werden Sie denken und sagen,

---

[1] Siehe etwa https://www.youtube.com/watch?v=E5zedC0A8YE (zugegriffen: 18. November 2021) und damit noch das umfangreichste Dokument.

[2] Die von Marcel Reich-Ranicki moderierte Literatursendung *Das literarische Quartett* lief in den Jahren von 1988 bis 2001 mit insgesamt 77 Sendungen im ZDF und begründet seine damalige Bekanntheit als der deutschsprachige Literaturkritiker.

C. Petersen, *Kunst der Provokation*, essentials,
https://doi.org/10.1007/978-3-658-37312-2_2

früher erklären sollen. Natürlich, aber ich habe nicht gewusst, was hier auf mich war-
tet, was ich hier erleben werde. Ich gehöre nicht in diese Reihe der heute, vielleicht
sehr zu Recht, Preisgekrönten. Wäre der Preis mit Geld verbunden, hätte ich das Geld
zurückgegeben; aber er ist ja nicht mit Geld verbunden, ich kann nur dieses ... diesen
Gegenstand, der hier verschiedenen Leuten überreicht wurde, von mir werfen oder
jemandem vor die Füße werfen. Ich kann das nicht annehmen.

Zur weiteren Begründung und Rechtfertigung seines Entschlusses fährt Reich-
Ranicki fort:

Und ich finde es auch schlimm, dass ich hier viele Stunden das erleben musste. Es
gibt ja Abende, die man ganz schön erlebt. Nein ... nicht, ich werde Ihnen jetzt nicht
sagen, mit der Lektüre von Goethe oder Bertolt Brecht. Nein, man kann im Arte-
Programm manchmal sehr schöne, wichtige Sachen sehen. [Applaus] Ich habe auch
früher häufig Wichtiges im 3sat-Programm gesehen, aber das hat sich jetzt geän-
dert. Meist kommen da schwache Sachen – aber nicht der Blödsinn, den wir hier zu
sehen bekommen haben. Ich will nicht weiter darüber reden, es sind ja auch Kollegen
von mir hier auf der Bühne gewesen, Stefan Aust, Markwort[3] [hustet] und Thomas
Gottschalk.[4]

Schnitt. Letztgenannter tritt mit den Worten „Darf ich einen Rettungsversuch
unternehmen?" an Reich-Ranicki heran, legt eine Hand auf Reich-Ranickis Schul-
ter und schlägt dem Renitenten eine einstündige Sondersendung vor, in der beide
ausgiebig diskutieren können, „worüber man im Fernsehen nicht mehr redet:
über Bildung, über Lesen, über Erziehung". Reich-Ranicki akzeptiert, „wenn-
gleich skeptisch, ob was draus werden wird, ob wir beide was erreichen werden",
und lässt es sich nicht nehmen, abschließend noch eine Anekdote über Herbert
von Karajan und über dessen Duzfreund, den Cellisten Mstislav Rostropovič,
zu erzählen, um daraufhin Thomas Gottschalk mit einer Umarmung das Du
anzubieten.

Reich-Ranicki verlässt unter Standing Ovations die Bühne. Der Abend ist
gerettet. Comedian Ralf Schmitz verteilt daraufhin mit einigen einstudierten Gags
den Förderpreis für einen Nachwuchsschauspieler und eine Jungregisseurin. Es
folgen noch drei Preise für die beste Schauspielerin in einer Hauptrolle sowie
die beste Comedy-Sendung und den besten Fernsehfilm. Dann beendet Gottschalk die Gala mit den Worten: „Fernsehen bleibt spannend." Die Irritation,

---

[3] Gemeint ist Helmut Markwort, 1993 bis 2010 Herausgeber des von ihm mitbegründeten
Wochenmagazins *Focus*.

[4] Ich zitiere (auch im Folgenden) nicht nach der genannten YouTube-Quelle, sondern nach
der am 12. Oktober 2008 im ZDF ausgestrahlten Aufzeichnung der Fernsehpreis-Gala.
Reich-Ranickis Rede ist bis auf eine unwesentliche Auslassung zu Beginn ungekürzt wie-
dergegeben.

die Reich-Ranickis Ansprache zwischenzeitlich verursacht hat, scheint vergessen. Aber noch bevor die Aufzeichnung der Gala am Abend des Folgetages im ZDF ausgestrahlt wird, hat die Presse das Thema bereits aufgegriffen. In den Tagen und Wochen nach der Gala erscheint eine Welle von Artikeln, die in Reich-Ranickis Klage über das Niveau des deutschen Fernsehens einstimmen. Daran beteiligt sich zuvorderst Elke Heidenreich, die Moderatorin der ZDF-Literatursendung *Lesen!*. Sie unterstützt Reich-Ranicki in seiner Kritik vehement, findet aber weder bei Reich-Ranicki noch bei ihrem Sender Verständnis für ihre harsche Kritik. Heidenreich wird schließlich am 23. Oktober 2008 entlassen,[5] ihre Sendung im ZDF abgesetzt. – Der Eklat hatte sich zu einem Skandal ausgeweitet.

2.1 Methoden der quantitativ-qualitativen Inhaltsanalyse

Unter Anwendung der im Verlauf der Darstellung der Skandalforschung bestimmten konsensualen Merkmale und Kategorien von modernen Skandalen, deren Akteuren, Inhalten, Verläufen und Ökonomien wird im Folgenden die Berichterstattung über den „Skandal beim Fernsehpreis"[6] untersucht. Die Analyse soll zeigen, inwiefern es sich bei den Geschehnissen um den Deutschen Fernsehpreis tatsächlich um einen Skandal handelt, welche Phasen er durchläuft und welche Funktionen die Skandalierer im Verlauf des Skandals übernehmen. Dies mündet schließlich in die Fragen, inwiefern im Rahmen der spezifischen Ökonomie des Fernsehpreisskandals eine öffentliche kritische Debatte ausgelöst werden konnte und inwieweit eine massenmediale Skandalisierung kritische Diskurse generell begünstigt. Vor allem aber soll anhand der Einzelfallanalyse gezeigt werden, dass sich die theoretischen Konstrukte der Skandaltheorie einerseits empirisch validieren lassen und sie andererseits durchaus geeignete Tools (ebenso adäquate wie produktive methodische Werkzeuge) zur Analyse konkreter Skandale darstellen.

Als ursprüngliche Akteurstriade nach Neckel lassen sich zunächst Marcel Reich-Ranicki als Hauptskandalierer, das deutsche Fernsehen, vorrangig das öffentlich-rechtliche, als Skandalierter und die Rezipienten der Medienberichterstattung als Skandalpublikum ausmachen. Die im Rahmen des Deutschen Fernsehpreises kritisierte Verfehlung (als Normverletzung) rekurriert offenbar, auch wenn von Reich-Ranicki nicht explizit so formuliert, auf die gesetzlich festgelegten Aufgaben des öffentlich-rechtlichen Rundfunks: „Sein Programm hat der

---

[5] An diesem Tag wurde die Entlassung Heidenreichs durch das ZDF bekannt gegeben.

[6] So titelte etwa die *Augsburger Allgemeine* am 13. Oktober 2008.

Information, Bildung, Beratung und Unterhaltung zu dienen. Er hat Beiträge insbesondere zur Kultur anzubieten. [...] Der öffentlich-rechtliche Rundfunk hat bei
Erfüllung seines Auftrags die [...] Ausgewogenheit der Angebote und Programme
zu berücksichtigen" (RStV 2008, § 11 Abs. 2 und 3).

Das hier zunächst angewandte Verfahren der quantitativen Inhaltsanalyse (im
Einzelnen Rössler 2010) ermöglicht es nun, eine größere Anzahl medialer Botschaften ähnlichen Formats auf die darin auffindbaren Muster und Tendenzen
hin zu untersuchen. Dabei geht es, anders als bei den im Folgenden ange-
wandten qualitativen Analysemethoden (im Einzelnen Krah 2006), nicht um
die individuelle Interpretation einiger weniger Botschaften, sondern um das
Herausarbeiten von Mustern zahlreicher Botschaften. Nur so gelangt man zu
verallgemeinerbaren Aussagen über die Berichterstattung, auch wenn dies bedeutet, dass nicht jeder einzelnen Medienbotschaft gänzlich entsprochen werden
kann. Die quantitative Medieninhaltsanalyse zielt also auf die Reduktion von
Komplexität. Dies geschieht durch die Herausstellung zentraler Tendenzen der
Medienberichterstattung (Rössler 2010, S. 18 f.).

Der Untersuchungszeitraum der Analyse erstreckt sich dabei vom 13. Oktober
bis zum 30. November 2008. Er beginnt am Tag nach der Ausstrahlung der Gala,
und da anzunehmen ist, dass die weiteren Geschehnisse, wie etwa die Reaktio-
nen Elke Heidenreichs an den Folgetagen der Ausstrahlung, die Reich-Ranicki
von Thomas Gottschalk angetragene Sondersendung *Aus gegebenem Anlass* am
17. Oktober[7] und die Entlassung Heidenreichs am 23. Oktober, dem Skandal
zusätzliche Dynamik verliehen, schließt der Analysezeitraum den November noch
mit ein. Aufgrund der ihnen zugeschriebenen Funktion der Hintergrundbericht-
erstattung fiel die Wahl des zu untersuchenden Materials auf Printprodukte. Die
überregionalen Tageszeitungen *Frankfurter Allgemeine Zeitung (FAZ), Süddeut-
sche Zeitung (SZ), Frankfurter Rundschau (FR), tageszeitung (taz)* und *Die Welt*
gingen dabei aufgrund ihrer Reichweite und ihrer traditionellen Nähe zu kulturellen Themen (in ihren Feuilletons) in die Analyse ein. Des Weiteren fiel
die Entscheidung auf die Wochenperiodika *Die Zeit, Der Spiegel* und *Focus,* da
wöchentlich erscheinende Medien Debatten meist großen Raum zur Verfügung
stellen. So wurden sämtliche in dem Zeitraum in diesen Periodika publizierten
(wertenden) Artikel zum Fernsehpreisskandal und dessen Akteuren erfasst.

---

[7] Am Abend des 17. Oktober 2008 diskutierten Gottschalk und Reich-Ranicki in der 30-
minütigen (nicht, wie ursprünglich von Gottschalk vorgesehen, einstündigen) Sendung *Aus
gegebenem Anlass* des ZDFs noch einmal die Qualität des deutschen Fernsehens (Gottschalk
und Reich-Ranicki 2008).

2.2 Bewertungsdynamiken

Insgesamt wurden (nach Rössler 2010, S. 95 ff.) 754 Bewertungen codiert: Artikel gingen dann in die Analyse ein, wenn sie mindestens eine Beurteilung des Fernsehens oder der Hauptprotagonisten Reich-Ranicki bzw. Heidenreich enthielten und im Kontext der Fernsehdebatte erschienen. Es wurde erfasst, welche Aspekte des deutschen Fernsehens und der Skandalierer eine Bewertung fanden und von wem diese Kritik stammte. Bezüglich des Fernsehens wurden vier Bewertungsdimensionen eruiert, die an den Programmauftrag des öffentlich-rechtlichen Fernsehens angelehnt sind: Information, Unterhaltung, Kultur und Bildung. Außerdem wurde eine Kategorie für allgemeine Bewertungen und eine Kategorie für Aussagen über die Werbung hinzugefügt und bei den Kritikern je eine Kategorie für Reich-Ranicki[8] und eine Kategorie für Heidenreich[9] angelegt. Alle Urteile sind zudem nach der Bewertungsrichtung, positiv oder negativ, differenziert.

Es zeigt sich, dass die Diskussion um die Qualität des deutschen Fernsehens relativ schnell Thema der Presseberichterstattung wird (siehe Abb. 2.1). Bereits zwei Tage nach Ausstrahlung der Gala kann die Aufschwungphase als abgeschlossen gelten. Besonders intensiv wird die Thematik im Vorfeld und Nachgang der Sendung *Aus gegebenem Anlass* am 17. Oktober diskutiert. Nach diesem Höhepunkt klingt die Medienberichterstattung langsam wieder ab, wobei die Entlassung Heidenreichs am 23. Oktober dem Thema offensichtlich kurzfristig noch einmal Aufwind verleiht. Neben dieser quantitativen Dynamik und der zumindest teilweisen Validierung des Skandalphasenmodells nach Burkhardt (respektive Luhmann) erweisen sich aber auch inhaltliche Dynamiken der Skandaldebatte als relevant. So ist zu fragen, ob sich etwa die Aspekte, die am Fernsehprogramm kritisiert werden, im Zeitverlauf verändern und wann welche Akteure wie häufig zu Wort kommen. Aufgrund der geringen Fallzahl in den anderen Wochen liegt der Fokus vor allem auf den ersten vier Wochen der Skandaldebatte sowie auf der Gesamtverteilung.

Insgesamt entfallen fast zwei Drittel aller Aussagen auf die Kategorie Allgemeine Bewertungen (siehe Tab. 2.1). Hier sind unspezifische Bewertungen wie etwa „Das Fernsehen/Programm ist schlecht/gut" erfasst. In jeder Woche ist die Mehrzahl der jeweiligen Aussagen hier angesiedelt. Am zweitstärksten ist mit etwa einem Fünftel aller Bewertungen die Kategorie Unterhaltung ausgeprägt.

---

[8] Die Subkategorien lauten: Reich-Ranicki als Person, Auftritt beim Fernsehpreis, seine Kritik, Umgang mit Reich-Ranicki, Umgang Reich-Ranickis mit Heidenreich, Sonstiges.
[9] Die Subkategorien lauten: Heidenreich als Person, ihre Kritik, Umgang mit Heidenreich, Umgang Heidenreichs mit dem ZDF, Sonstiges.

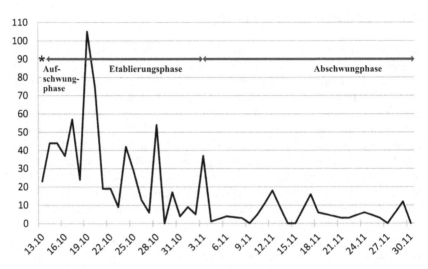

Abb. 2.1 Anzahl der Bewertungen nach Datum (N=754)

Inhaltlich wurde die Diskussion insgesamt also relativ einseitig geführt. Als auffällig erweisen sich jedoch die dritte und vierte Woche der Berichterstattung. Zwar ebbt die Gesamtanzahl der Bewertungen hier bereits langsam ab, jedoch verteilen sich diese, insbesondere in der dritten Woche, gleichmäßiger über die Kategorien. Vor allem die Informationssendungen werden, anders als in den vorhergehenden Wochen, stärker fokussiert, und auch das Thema Unterhaltung findet größere Beachtung. Möglicherweise hat die Entlassung Heidenreichs, die gegen Ende der zweiten Woche bekannt gegeben wurde, die zuvor relativ gefestigten Themenstrukturen aufgesprengt.

Eine (noch) kursorische Lektüre von Reich-Ranickis eingangs zitierter und in der Presse vielfach so titulierter Wutrede bei der Fernsehpreisgala verrät, dass dessen Kritik primär das öffentlich-rechtliche Fernsehen und implizit dessen gesetzlichen Auftrag adressiert. Wie Abb. 2.2 zeigt, folgt die Fernsehkritik dieser Vorgabe: Bewertungen, die das Fernsehen betreffen, beziehen sich zu einem großen Teil auf die öffentlich-rechtlichen Sender, und dort werden besonders die Themen Information und Kultur kritisiert. Während die Kategorie Bildung (ebenso wie Werbung) aufgrund der geringen Fallzahl zu vernachlässigen ist, wird einzig beim Thema Unterhaltung das Privatfernsehen in ähnlichem Maße wie die Öffentlich-Rechtlichen zum Gegenstand der Kritik. Zwar ist die inhaltliche Ausrichtung der Debatte recht unscharf (vgl. Tab. 2.1), dasselbe gilt jedoch

Tab. 2.1 Bewertungsdimensionen der Fernsehkritik im Zeitverlauf

Bewertungs-dimension	1. Woche (n=335)	2. Woche (n=206)	3. Woche (n=95)	4. Woche (n=45)	5. Woche (n=23)	6. Woche (n=29)	7. Woche (n=21)	Gesamt (N=754)
Allgemeine Bewertungen	66%	75%	46%	51%	65%	55%	51%	63%
Information	5%	4%	20%	14%	0%	0%	10%	7%
Unterhaltung	22%	15%	27%	31%	9%	39%	29%	21%
Kultur	6%	3%	5%	0%	26%	3%	5%	6%
Bildung	0%	2%	2%	2%	0%	3%	0%	2%
Werbung	1%	1%	0%	2%	0%	0%	5%	1%
Gesamt	100%	100%	100%	100%	100%	100%	100%	100%

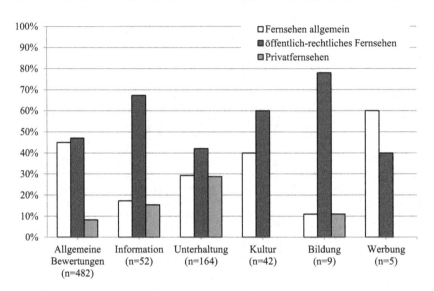

Abb. 2.2 Fernsehkritik nach Organisationsform und Themen

nicht für das Objekt der Skandalisierung. Wenn dieses benannt wird, steht vorrangig das öffentlich-rechtliche Fernsehen im Mittelpunkt der Kritik. Reich-Ranicki, der in seiner Wutrede mit der expliziten Nennung von Arte und 3sat sowie dem Verweis auf Markus Schächter (2002 bis 2012 Intendant des ZDF) den Fokus der Aufmerksamkeit auf die Öffentlich-Rechtlichen richtet, scheint also den Skandalierten ebenso wie dessen skandalträchtige Verfehlung erfolgreich im Mediendiskurs platziert zu haben. Marcel Reich-Ranicki gelingt somit, unabhängig davon, ob es in seiner Intention lag oder nicht, 2008 etwas, das, wie gesehen, Alice Schwarzer mit ihrer 2013 herausgegebenen Publikation zur Prostitution in Deutschland nicht glücken will: Reich-Ranicki entfacht einen breiten öffentlichen Diskurs über das vermeintlich skandalöse Fernsehprogramm, während Schwarzer für ihr auf den ersten Blick doch viel skandalträchtigeres Thema keine breite Öffentlichkeit findet. Ob es sich beim Fernsehpreisskandal jedoch tatsächlich um einen eine breite öffentliche *Empörung* auslösenden Diskurs und damit erst um einen Skandal handelt, muss sich noch (empirisch) erweisen.

Betrachtet man die Zusammensetzung der Kritik am Fernsehen aber erst noch einmal differenziert nach deren Akteuren, so zeigt sich, dass der Großteil der Fernsehbewertungen durch Journalisten, zumeist als Verfasser der Presseartikel, erfolgt (59% von N=754). Am zweithäufigsten (14% von N=754) bewertet Elke

Heidenreich die Qualität des deutschen Fernsehens. Marcel Reich-Ranicki ist anhand der geringen Anzahl seiner Wortmeldungen (6% von N=754) dagegen kaum mehr als Hauptskandalierer zu identifizieren. Die konstant geringen Werte Reich-Ranickis über die untersuchten Wochen hinweg lassen sich darauf zurückführen, dass er als Skandalierer den Diskurs zwar anstößt, sich aber im weiteren Verlauf eher zurückhält. Dafür spricht auch, dass es sich bei den Bewertungen des Fernsehprogramms ‚durch‘ Reich-Ranicki um zitierende und paraphrasierende Rückgriffe auf seine Rede bei der Gala handelt. Gerade in den ersten beiden Wochen wird der Diskurs also fast ausschließlich von Journalisten und Elke Heidenreich bestritten. In der zweiten Woche äußert sich Heidenreich verstärkt (21% von n=206). Damit wechselt die Rolle des Hauptskandalierers zeitweise zu Heidenreich, auch wenn diese wieder vorrangig zitiert wird, anstatt sich jedes Mal selbst zu äußern. Während der dritten und vierten Woche, der Wochen nach Heidenreichs Rauswurf aus dem ZDF, sind schließlich beide Skandalierer kaum mehr mit Wortmeldungen vertreten. Genau dieser Zeitraum entspricht der in Tab. 2.1 dokumentierten Veränderung der Themenstruktur. Offensichtlich handelt es sich hier um einen Zeitraum innerhalb der Etablierungsphase, in dem sich der Diskurs auch für unbeteiligte und teilinvolvierte Akteure (beim Fernsehen oder Hörfunk Beschäftigte, Fernsehschauspieler etc.) öffnet. Diese beziehen zu der Problematik Stellung und bringen dabei neue Themenfacetten in den Diskurs ein. Elke Heidenreich meldet sich dagegen erst in zeitlicher Nähe zur Bekanntgabe einer Weiterführung ihrer Sendung *Lesen!* im Internet in der sechsten und siebten Woche noch einmal verstärkt zu Wort (10% von n=20 in Woche 6 und 19% von n=29 in Woche 7), zu einem Zeitpunkt, als der Skandal aber insgesamt bereits ermüdet ist.

2.3   Tenor der Berichterstattung

Ganz im Konsens mit der Skandaltheorie nennen Marcus Maurer und Carsten Reinemann (2006, S. 142) eine konstante negative Berichterstattung als notwendige Bedingung für eine erfolgreiche Skandalisierung; braucht ein Skandal, um überhaupt als ein solcher zu gelten, doch eine breite öffentliche Empörung. Was für alle (modernen) Skandale gilt, gilt selbstverständlich auch für den Fernsehpreisskandal. So entsprechen über den gesamten Zeitraum betrachtet mehr als drei Viertel aller Bewertungen negativen Aussagen über das Fernsehen (77% von N=754). Dabei erweist sich der vorherrschende Tenor der Fernsehkritik auch unabhängig vom Medium als negativ: In den untersuchten Periodika dominiert die Negativkritik am Fernsehen und seinen Programminhalten deutlich. Das positivste

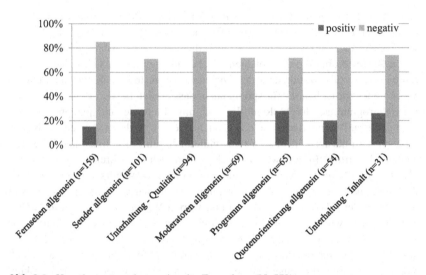

Abb. 2.3 Hauptbewertungskategorien des Fernsehens (N=573)

Bild zeichnet noch die *FR*, allerdings auch nur mit etwas mehr als einem Viertel zustimmender Beurteilungen (29% von n=133). Am negativsten wird das Fernsehen im *Spiegel* beurteilt. Nur 13% aller Bewertungen (n=30) sind dort positiv.[10] Insgesamt zeigt sich also ein relativ einheiliges Urteil. Dennoch könnten einzelne Kategorien auch vorwiegend positiv beurteilt worden sein. Dies ist, wie Abb. 2.3 zeigt, jedoch nicht der Fall. In allen Kategorien dominiert der negative Grundtenor. Die am häufigsten bewerteten Bereiche zeigen neben der allgemeinen Unzufriedenheit mit dem Fernsehen, den Sendern und dem Programm auch namentlich benannte Kritikpunkte auf. Insbesondere das Unterhaltungsangebot wird häufig thematisiert. Weder die Qualität noch die Inhalte der Unterhaltung können demnach überzeugen.

Dabei bildet die Struktur der Kritikpunkte (Abb. 2.3) Reich-Ranickis Einwände gegen das Fernsehen relativ gut ab: Das Fernsehen, das Programm, einzelne Sender werden bereits in seiner Wutrede während der Fernsehpreisgala

---

[10] Die Bewertung der anderen Printmedien stellt sich folgendermaßen dar: *SZ* 24% positiv von n=154, *FAZ* 19% positiv von n=151, *taz* 23% positiv von n=121, *Welt* 17% positiv von n=91, *Focus* 24% positiv von n=42, *Zeit* 19% positiv von n=32. Zudem zeigt sich, dass – mit Ausnahme des 28. Oktobers (der Entlassung Heidenreichs) – auch im Verlauf der Skandaldebatte zu keinem nennenswerten Zeitpunkt die positiven Bewertungen die negativen überwiegen. Dazu im folgenden Abschn. 2.4 aber noch ausführlich.

angesprochen. Und wenn dort vom „Blödsinn, den wir hier zu sehen bekommen haben", im Gegensatz zum Bildungsgut eines Goethe, Mann und Brecht die Rede ist, adressiert Reich-Ranicki zumindest implizit auch das mangelhafte *Unterhaltungs*angebot. Bei der Kritik an den Moderatoren sowie an der bemängelten Quotenorientierung des deutschen Fernsehens handelt es sich dagegen um thematische Aspekte, die Heidenreich in die Debatte eingebracht zu haben scheint. So spricht sie in ihren im Anschluss an die Gala veröffentlichten Artikeln Gottschalk die Fähigkeiten als Moderator ab und bemängelt die Ausrichtung des Fernsehprogramms an der Quote.[11] Demnach ist es ihr gelungen, die Diskussion in ihrer Rolle als Skandaliererin auch inhaltlich zu beeinflussen.

Betrachtet man zudem noch einmal die Bewertungen im Zeitverlauf, so fällt ein vom Grundtenor abweichendes Verhältnis von positiven und negativen Bewertungen in der Folge des 28. Oktober auf: Im direkten Anschluss an die Bekanntgabe der Entlassung Elke Heidenreichs findet sich nochmals ein Peak an Bewertungen (vgl. Abb. 2.1), von denen jedoch zum ersten und einzigen Mal knapp zwei Drittel (63% von n=54) *positiv* ausfallen. Das singuläre Hoch an positiven Bewertungen könnte ein erstes Indiz dafür sein, dass die Negativkritik der beiden Skandalierer nicht so breit geteilt wird, wie die Tendenz der Berichterstattung es bisher vermuten ließ. Es stellt sich also die Frage, wie die Skandalierer und die von ihnen vorgebrachte Kritik selbst bewertet werden.

2.4 Bewertung der Skandalierer und ihrer Kritik

Insgesamt wurden 524 Aussagen, die die Skandalierer Heidenreich und Reich-Ranicki zum Bewertungsobjekt haben, codiert (siehe Abb. 2.4). Immerhin 70% dieser Aussagen fallen negativ aus. Reich-Ranicki wird dabei generell etwas häufiger (n=285) bewertet als Heidenreich (n=239). Auch wird er etwas seltener negativ (66% zu 70%) bewertet. Die Bewertung differiert allerdings nach dem Printmedium, in dem sie vorgenommen wird, auch wenn der Tenor negativ ist: Noch relativ ausgewogen werden Reich-Ranicki und Heidenreich in der *FAZ* bewertet (49% positive zu 61% negative Bewertungen), was darin begründet liegen wird, dass Heidenreich in dieser Zeitung ihre Beiträge veröffentlicht hat. Diese Annahme lässt sich im Rahmen der anschließenden qualitativen Analyse zweier *FAZ*-Artikel Heidenreichs (Heidenreich 2008a, b) noch weiter bekräftigen,

---

[11] Das wird im qualitativen Analyseteil (Abschn. 2.5 und 2.6) an zwei *FAZ*-Artikeln Heidenreichs vom 12. Oktober (Heidenreich 2008a) und vom 19. Oktober 2008 (Heidenreich 2008b) noch im Einzelnen aufgezeigt.

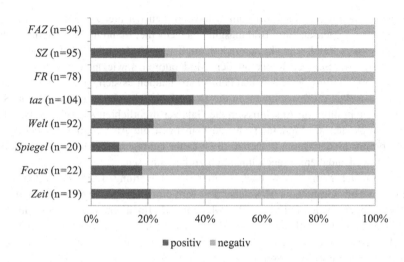

Abb. 2.4 Bewertung der Skandalierer nach Medium (N=524)

wenn in diesen nicht nur Heidenreich selbst, sondern vor allem auch Reich-Ranicki besonders gut ‚wegkommen'. Im *Spiegel* werden die Kritiker dagegen am häufigsten negativ (90% von n=20) bewertet.

Betrachtet man nun die Bewertungsdimensionen der Skandalierer (siehe Abb. 2.5), so bestätigt sich auch hier die allgemeine negative Tendenz. Dabei zeigt sich auch, dass weder Reich-Ranicki noch Heidenreich *als Person* große Sympathie entgegenschlägt. Jeweils etwa 70% aller Beurteilungen der Kritiker als Personen fallen negativ aus. Dabei wird Heidenreich geringfügig positiver (30% zu 27%) beurteilt. Die größte Zustimmung findet noch Reich-Ranickis Auftritt bei der Gala zum Deutschen Fernsehpreis, dennoch ist auch hier mehr als die Hälfte aller Bewertungen negativ (59% von n=82). Die Inhalte der Kritik beider Protagonisten werden in etwa gleich bewertet. Jeweils deutlich weniger als die Hälfte aller Beurteilungen fällt in diesem Zusammenhang positiv aus.

Dies verwundert insofern, als die Analyse der Fernsehkritik ergeben hat, dass die Bewertungen des Fernsehens im Tenor negativ ausfallen und genau das der Inhalt der Kritik von Reich-Ranicki und Heidenreich ist. Folglich müsste deren Kritik mehr Zustimmung finden. Allerdings ist es so, dass fast jeder Artikel zum Thema noch einmal die Aussagen von Reich-Ranicki und/oder Heidenreich als Aufhänger zitiert. Diese Aussagen der Skandalierer gingen so jeweils nochmals in die Untersuchung ein, auch wenn sie tatsächlich von Reich-Ranicki

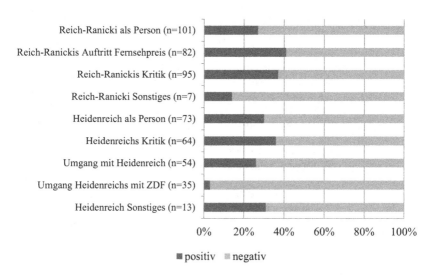

Abb. 2.5 Bewertungsdimensionen Skandalierer (N=524)

bzw. Heidenreich nur einmal geäußert wurden. Es ist daher anzunehmen, dass die immer wieder erneut in die Ergebnisse eingegangenen Bewertungen, die ursprünglich von den Hauptprotagonisten getätigt wurden, die tatsächliche veröffentlichte Meinung über das Fernsehprogramm verzerren. Aus diesem Grund ist eine Gegenüberstellung der von den Skandalierern stammenden Bewertungen mit den Bewertungen aller anderen geboten (siehe Abb. 2.6). Nur so lassen sich die Abweichungen zwischen den publizierten Ansichten der Skandalierer von denen der anderen Aussagenurheber verdeutlichen.

Die Aufstellung in Abb. 2.6 macht vor allem eines deutlich: Die sonstigen Aussagenurheber bewerten generell weniger pauschal als die beiden Hauptprotagonisten. Dies betrifft zwei Dimensionen. Zum einen ist die Tendenz ihrer Urteile häufiger positiv, zum anderen erweist sich ihre Bewertung als differenzierter, das heißt, sie bewerten häufiger unterschiedliche Aspekte des Fernsehens, auch wenn der Grundtenor bei den sonstigen Beurteilern ebenfalls negativ ist. Man kann somit annehmen, dass die Pauschalität der Kritik Reich-Ranickis und Heidenreichs zumindest einen Grund dafür darstellt, dass deren Kritik der vergleichsweise wenig Zustimmung findet.

Wie die Skandalierer und ihre Äußerungen eingeschätzt werden und wie sich diese Einschätzungen im Verlauf des Skandals entwickeln, zeigen zuletzt die

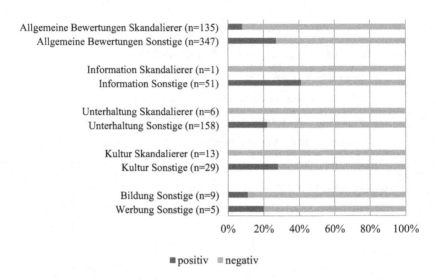

Abb. 2.6 Fernsehbewertungen Skandalierer vs. sonstige Aussagenurheber (N=754)

Abb. 2.7 und 2.8. Zu Beginn der Skandaldebatte halten sich positive und negative Bewertungen Reich-Ranickis die Waage. Dies ist vermutlich auch auf seinen Auftritt bei der Fernsehpreisgala zurückzuführen, der vergleichsweise viel Zustimmung findet (Abb. 2.5). Für eine erfolgreiche Skandalisierung kann dieser Auftakt als funktional gewertet werden, da, wie anhand der Überlegungen zur Subjektqualität ausgeführt, dem Status des Absenders eine entscheidende Bedeutung zukommt. Neben dem Bekanntheitsgrad, der bei Reich-Ranicki zum Zeitpunkt des Fernsehpreisskandals kaum zu überschätzen ist, sollte eine zumindest nicht durchweg negative Beurteilung von Reich-Ranicki der ‚Nachvollziehbarkeit‘ seiner eigenen Kritik förderlich sein; zumal Reich-Ranicki als Literaturkritiker von Berufs wegen nicht nur prädestiniert, sondern auch kompetent erscheinen sollte, wenn es um Qualitätsurteile geht.

Die Ausgewogenheit der Bewertungen von Reich-Ranicki verliert sich allerdings relativ schnell. Insbesondere im Nachgang der Sendung *Aus gegebenem Anlass,* die am 17. Oktober vom ZDF ausgestrahlt wird, büßt Reich-Ranicki dramatisch an Sympathie ein. Auffällig ist auch das ausgeprägte Missverhältnis zwischen positiven und negativen Bewertungen nach Heidenreichs Entlassung am 23. Oktober. Vermutlich liegt das an seiner Reaktion auf die Entlassung,

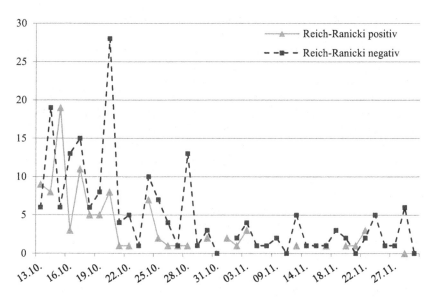

Abb. 2.7 Bewertungen Reich-Ranickis im Zeitverlauf (N=285)

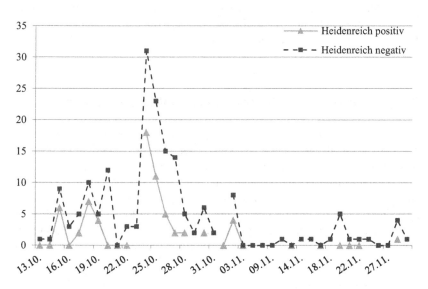

Abb. 2.8 Bewertungen Heidenreichs im Zeitverlauf (N=239)

welche im Allgemeinen wenig Zustimmung findet,[12] die Reich-Ranicki aber als „naheliegend" bezeichnet (Grimberg 2008).

Elke Heidenreich wird dagegen von Beginn an stets häufiger negativ als positiv bewertet, was gegen eine ‚starke Besetzung' Heidenreichs als Skandaliererin spricht. Besonders ausgeprägt sind die negativen Bewertungen um den Zeitpunkt ihrer Entlassung herum. Wie bereits Abb. 2.5 nahelegt, könnte insbesondere Heidenreichs Umgang mit dem ZDF, der offensichtlich nicht gebilligt wird (fast 100% negative Beurteilungen), eine Ursache dafür sein. Allerdings erfolgen zu diesem Zeitpunkt auch vergleichsweise viele positive Bewertungen, etwa hinsichtlich ihrer Person und ihrer Fernsehkritik. Bezogen auf das zuvor Gesagte gilt hier, dass der Umgang mit Heidenreich skeptisch beurteilt wird, wenn auch in geringerem Maße als das Verhalten Heidenreichs gegenüber ihrem Haussender.

Bei der Bewertung beider Skandalierer in den Printmedien scheint der Zeitpunkt der Bekanntgabe der Entlassung Heidenreichs am 23. Oktober einen Wendepunkt darzustellen. Zum einen zeigt sich bei beiden, ausgeprägter allerdings bei Heidenreich, ein Hoch der negativen Bewertungen. Zum anderen erreichen beide Skandalierer danach keine nennenswerte Anzahl an positiven Bewertungen mehr, wobei allerdings auch im Allgemeinen deutlich weniger Bewertungen zu verzeichnen sind. Somit deutet einiges darauf hin, dass die Entlassung Heidenreichs dem Teildiskurs um die Skandalierer ein Ende gesetzt hat. Und auch der Skandal insgesamt tritt, wie Abb. 2.1 zeigt, nach einem letzten mittleren Peak am 3. November eine gute Woche später in seine Abschwungphase ein.

2.5   Rhetorik der Skandalierer: qualitative Analyse

Nachdem im Zuge der quantitativen Inhaltsanalyse eine Reihe von Ergebnissen zu den zeitlichen und inhaltlichen Dynamiken der Presseberichterstattung über den Fernsehpreisskandal herausgearbeitet wurde, können diese Ergebnisse nun anhand der Verfahren der Textanalyse (nicht nur als einer, sondern als *der* Form der qualitativen Inhaltsanalyse) validiert und ausformuliert werden. Dabei stehen vor allem zwei Texte im Zentrum der Betrachtung: Marcel Reich-Ranickis eingangs zitierte Rede während der Fernsehpreisgala sowie ein Artikel Elke Heidenreichs, den sie am 12. Oktober, also bereits einen Tag nach der Gala, in der *FAZ* veröffentlichte. Diese Texte können einen tieferen Einblick in die Argumentation

---

[12] Aus Abb. 2.5 wird ersichtlich, dass 74% (von n=54) den Umgang mit Heidenreich, gerade auch den des ZDFs mit ihr, als negativ beurteilen.

und Motivation der beiden Hauptskandalierer zu Beginn des Skandals bieten. Wobei sich – wie die exemplarische Analyse einiger Folgeäußerungen Reich-Ranickis und Heidenreichs zeigen wird – die Kritik beider während des gesamten Skandalverlaufs kaum verändert. Anders als beim Verfahren der quantitativen Inhaltsanalyse, das bisher zur Anwendung gekommen ist, geht es im Rahmen der ergänzenden Herangehensweise darum, mittels individueller Analysen relevanter Texte und Textauszüge die bisher gewonnenen allgemeinen Aussagen über die Skandaldynamiken exemplarisch zu fundieren, vor allem aber weiterführend zu *interpretieren*.

Betrachtet man nun Reich-Ranickis Rede ausgehend von ihrer Rhetorik (Krah 2006, S. 104 und 129 ff.), fällt vor allem eine wiederkehrende Figur auf. Der Redner konstruiert mehrfach paradigmatische Reihen. Dabei handelt es sich um die Aufzählung der Preise, die er bisher erhalten hat, nämlich „sehr viele" Literaturpreise „darunter auch die höchsten, wie den Goethepreis, den Thomas-Mann-Preis und einige andere". Eine zweite Reihe wird von Reich-Ranicki explizit angesprochen, wenn es als Begründung seiner Ablehnung des Preises heißt: „Ich gehöre nicht in diese Reihe der heute, vielleicht sehr zu Recht, Preisgekrönten". Reich-Ranicki bringt diese Figur allerdings nicht selbst in den Diskurs ein, sondern greift sie nur (da es sich augenscheinlich um eine freie Rede handelt) spontan auf. So berichtet bereits Thomas Gottschalk in der einführenden Laudatio anekdotenhaft davon, wie er sich anlässlich des 85. Geburtstags von Reich-Ranicki auf der „Rednerliste zwischen dem ehemaligen Bundespräsidenten Richard von Weizsäcker und dem Herausgeber der *FAZ*, Frank Schirrmacher", wiedergefunden habe, und kalauert, dass er sich (als examinierter Grund- und Hauptschullehrer) erst seitdem als Akademiker bezeichnen würde.

Es geht also um Reihen, solche, an denen man gerne partizipiert, weil man sich dadurch aufgewertet fühlt, aber vor allem um solche, an denen man keinesfalls partizipieren möchte: Reich-Ranicki will den Fernsehpreis nicht in eine Reihe mit seinen Kulturpreisen stellen, sich selbst nicht in eine Reihe mit den anderen Preisträgern der Gala, vor allem aber will er nicht mit denselben Merkmalen identifiziert werden wie die anderen der Reihe. Aber was sind diese Merkmale für Reich-Ranicki? Das erfahren wir nur implizit: Der Fernsehpreis ist gerade *nicht* das, was sowohl der Goethepreis als auch der Thomas-Mann-Preis sein sollen, nämlich „höchste[] […] Preise". Deshalb muss Reich-Ranicki „diesen Gegenstand" stellvertretend nicht etwa für das, was er auszeichnet (sein Lebenswerk), sondern für die, die den Preis stiften (die Sendeanstalten samt ihres Programms), nicht nur von sich „werfen", sondern „jemandem vor die Füße werfen" und damit von oben nach unten, wohin der Preis seiner Meinung nach gehört. Der recht konventionellen Raummetaphorik folgend ist das implizite Argument für Reich-Ranickis Preisverweigerung also, dass er sich als Repräsentant einer literarischen Hochkultur nicht auf die niedere Ebene einer Trivialkultur hinabziehen lassen will: Er „muss auf den Preis", den man ihm verleihen will, „irgendwie reagieren", „kann" diesen aber „nicht annehmen".

Das mag zunächst noch nachvollziehbar erscheinen, wenn man bedenkt, dass unmittelbar zuvor Comedian Atze Schröder einen Preis an die Macher von *Deutschland sucht den Superstar* überreicht hat. Es wird jedoch im Verlauf von Reich-Ranickis Rede immer unklarer: Zunächst führt er sein über Jahrzehnte im *Literarischen Quartett* kultiviertes Ich-habe-mich-gelangweilt-Argument an, und zwar, wie sein Blick auf die Uhr demonstriert, „viele Stunden". Dann wird nochmals differenziert. Offensichtlich gibt es noch etwas zwischen dem kulturellen ,Ganz oben' von Goethe, Mann sowie (nun zusätzlich noch) Brecht und dem „Blödsinn", der auf der Gala gezeigt und geehrt wurde, nämlich früher „sehr schöne, wichtige Sachen", heutzutage aber zunehmend „schwache Sachen" auf Arte und 3sat. So wie sich hier die strikte Opposition zwischen Hoch und Tief aufzulösen beginnt – es kann ja nicht alles im Fernsehen trivial gewesen sein, schließlich gab es dort mal das *Literarische Quartett* –, so beendet Reich-Ranicki seine Rede auch, indem er eine neue Reihe aufmacht, bei der allerdings unklar bleibt, was hier eigentlich als Gemeinsamkeit gelten soll. Reich-Ranicki spricht von seinen „Kollegen" den Journalisten Stefan Aust und Helmut Markwort und dem Moderator Thomas Gottschalk, und man fragt sich, was das verbindende Merkmal ist, außer dass sie wie Reich-Ranicki „hier auf der Bühne gewesen" sind.[13] Dazu passt dann auch die abschließende Verbrüderung mit Gottschalk, die Reich-Ranicki wieder an das zurückbindet, was er zuvor von sich gewiesen zu haben schien: das große Publikum und vor allem die leichte Unterhaltung.

Betrachtet man daneben den Artikel, den Elke Heidenreich (2008a) offensichtlich noch unter dem unmittelbaren Eindruck der Gala geschrieben und am Morgen nach der Sendung in der *FAZ* veröffentlicht hat, dann vervollständigt sich das Bild der Skandalierer und ihrer öffentlichen Standpunkte. Heidenreich polarisiert einerseits, wenn sie etwa bezogen auf die Fortführung der Gala nach Reich-Ranickis Abgang schreibt: „Der Kritiker, der Spielverderber ist weg, nun

---

[13] Oder aber die Antwort auf die Frage lautet schlicht: Alle, Stefan Aust, Helmut Markwort, Thomas Gottschalk und er selbst, sind in ihren jeweiligen Professionen – beim *Spiegel*, beim *Focus,* beim ZDF sowie im Feuilleton der *FAZ* – ,ganz oben', womit Reich-Ranicki aber spätestens mit Gottschalk, *dem* Vertreter der leichten Unterhaltung, wiederum seine anfangs so strikte Differenzierung zwischen Hoch- und Trivialkultur mit allen daraus resultierenden Konsequenzen und Inkonsistenzen konterkariert.

ziehen wir unsere hirnlose Scheiße durch bis zum Schluss". Anderseits personalisiert sie den Diskurs in einer deutlichen Identifikation mit Reich-Ranicki sowie einer ebenso strikten Ablehnung Gottschalks. Das Ganze zentriert sich um die Laudatio für Reich-Ranicki:

> Ich muss hier etwas einschieben. In einem unserer häufigen Telefonate erzählte mir Reich-Ranicki stolz von diesem Fernsehpreis für sein Lebenswerk und sagte, Gottschalk halte die Laudatio. Wir waren uns einig, dass der das nicht tun sollte, ich sollte es tun, nicht weil ich mich darum reiße, auf derartigen Veranstaltungen vorn zu stehen – es ist mir eher tief zuwider –, sondern weil ich näher dran bin, mit Reich-Ranicki mehr zu tun hatte und habe, eine Sendung mache, die in gewisser Weise die seine fortführt.

Heidenreich kennt Reich-Ranicki demnach nicht nur besser, sie ist sowohl persönlich als auch in ihrer Profession „näher dran" an ihm als Gottschalk. Persönlich, wenn sie mit Reich-Ranicki mitleidet: „[I]n mein Herz schlich sich schon nach und nach der Verdacht: das hält der nicht durch. Ich sah den achtundachtzig Jahre alten Mann da vorn in der ersten Reihe sitzen, gebrechlich, aber geistig ja vollkommen klar, und ich dachte, was für eine Zumutung diese armselige, grottendumme Veranstaltung für ihn sein müsse." Professionell sieht Heidenreich sich bzw. ihre Sendung als Nachfolgerin des *Literarischen Quartetts*. So lässt sie es sich auch noch sechs Monate später gerne gefallen, wenn sie von Beckmann in der gleichnamigen Talkshow am 20. April 2009 als „Literaturpäpstin" und einzig legitime „Erbin des Literaturpapstes" Reich-Ranicki bezeichnet wird (Beckmann 2009).

Der identifikatorischen Nähe, die Heidenreich zu Reich-Ranicki konstruiert, stellt sie eine strikte Ablehnung Gottschalks gegenüber, die ebenso persönlich ausfällt – „er ist nicht intelligent, er ist nicht charmant, er hat keinen Witz" –, um dann auf ihren Haussender, das ZDF, loszugehen: „Man schämt sich, in so einem Sender überhaupt noch zu arbeiten." Heidenreich polemisiert, polarisiert und personifiziert den Diskurs und spitzt ihn auf eine Opposition zwischen Intelligenten und Nicht-Intelligenten zu, auf der Seite der Ersteren sieht sie sich und Reich-Ranicki. Diese Seite steht für „Kultur und Bildung", während der anderen Seite, Gottschalk und den „Programmdirektoren und Intendanten", jedes (kulturelle) Niveau abgehen soll. Um eine kritische Auseinandersetzung mit dem Fernsehen, das heißt mit dessen ökonomischen, rechtlichen und institutionellen Voraussetzungen sowie deren Auswirkungen auf die Programmgestaltung, geht es in ihrem Artikel ebenso wie in Reich-Ranickis Rede nicht. Auch wird es darum weder bei Reich-Ranicki noch bei Heidenreichs jemals ausdrücklich gehen.

2.6   Dynamik des Skandals

Die Rhetorik der Initialäußerungen der beiden Skandalierer korreliert nun mit den quantitativen Ergebnissen dahingehend, dass – wie gesehen – insgesamt über 60% aller Aussagen allgemeine und undifferenzierte Aussagen über die mangelnde Qualität des Fernsehens darstellen (Tab. 2.1). Genau das gibt Reich-Ranicki vor und das unterstützt und verstärkt Heidenreich, die in den ersten Wochen die Rolle der Hauptskandaliererin an sich reißt. Auch der ausgesprochen negative Tenor der Fernsehbewertung, welchen die Skandalierer initiieren, scheint den Nerv zu treffen, da er von allen führenden Zeitungen aufgegriffen wird und im Verlauf des gesamten Skandals stabil bleibt. Dabei scheint sich am Anfang der Skandalisierung der Bekanntheitsgrad Reich-Ranickis und mit Einschränkungen Heidenreichs sowie sicherlich auch Gottschalks, der stark in den Konflikt involviert ist, positiv auf die mediale Ausweitung der Negativkritik am Fernsehen auszuwirken. Zu Beginn des Skandals sind alle notwendigen Voraussetzungen gegeben: der Status Reich-Ranickis als ‚Literaturpapst' und ‚Chefkritiker', dazu passend die vermeintliche Normverletzung im Zusammenhang mit dem meritorischen Gut öffentlich-rechtlicher Rundfunk und das daraus resultierende Medien- und Publikumsinteresse.

Allerdings zeigt die quantitative Analyse im Verlauf des Skandals einen ersten Wendepunkt im Nachgang der Sendung *Aus gegebenem Anlass*. Zwar erreicht die Kritik hier, was die Häufigkeit und was den deutlich negativen Anteil der Bewertungen angeht, ihren Höhepunkt, zugleich ist jedoch zu beobachten, dass nun auch Reich-Ranicki mit deutlich negativer Tendenz bewertet wird (Abb. 2.7). Was hier geschehen ist, scheint sich aus der Kritik Reich-Ranickis selbst zu erklären. Diese ist, wie deren inhaltliche Analyse zeigt, ebenso wie die Kritik Heidenreichs wenig differenziert und im Vergleich zu den Fernsehbewertungen aller anderen durchgehend tendenziöser und weniger Aspekte umfassend (Abb. 2.6). Zwar scheint die mangelnde Differenziertheit der Kritik für Reich-Ranickis Popularität und somit für seine Subjektqualität als Skandalierer unmittelbar nach der Fernsehpreisrede noch kein Problem darzustellen, infolge der Sendung *Aus gegebenem Anlass* wird sie aber zu einem solchen, was sich schlicht daraus erklärt, dass Reich-Ranickis Kritik nicht differenzierter wird. Denn auch im Rahmen des halbstündigen Gesprächs mit Thomas Gottschalk liefert Reich-Ranicki weder dezidierte Begründungen für seine Position, noch formuliert er das Objekt seiner ‚Kritik' aus: Er verwechselt Comedian Atze Schröder fortwährend mit

Helge Schneider[14] und insistiert weiterhin, dass „ein großer Teil des Fernsehens […] scheußlich, abscheulich" sei, ohne jedoch zu benennen, welcher. Neu
ist eigentlich nur Reich-Ranickis wiederholte Forderung – wohl wieder an die
Öffentlich-Rechtlichen, auch hier differenziert er an keiner Stelle – nach einem
„Unterhaltungsprogramm […], das doch ein gewisses Niveau hat", wofür ihm
Bertolt Brecht der richtige Mann scheint: „Brecht, wenn man den hätte, der wäre
der Richtige fürs Fernsehen" (Gottschalk und Reich-Ranicki 2008).

Elke Heidenreich, die Reich-Ranicki am Morgen nach der Sendung wieder mit
einem *FAZ*-Artikel zur Seite springt, erweist sich zwar als weniger gestrig und
uninformiert als der pensionierte Literaturpapst, differenziert die Debatte aber
ebenfalls nicht weiter aus. Sie spricht lieber über die ungünstige Sendezeit ihrer
Sendung *Lesen!* und pflegt ihre daraus resultierenden Animositäten mit der ZDF-
Intendanz und Thomas Gottschalk. Und wenn es dann doch einmal heißt: „Man
sollte […] Quoten endlich mal kompetent hinterfragen" (Heidenreich 2008b),
bleibt sie genau das schuldig. Sie spricht das Problem der Quote bzw. des Quo-
tendrucks zwar an und bringt es damit vermutlich[15] in den Diskurs ein, weiß
dazu inhaltlich aber nichts weiter zu sagen.

Die quantitative Analyse zeigt zudem, dass Elke Heidenreich von Anfang an
nicht nur weniger häufig, sondern auch weniger häufig positiv als Reich-Ranicki
bewertet wird (Abb. 2.7 und 2.8). Sie kann, was Popularität und Zustimmung
angeht, offensichtlich nicht aus dem Schatten der Medienikone Reich-Ranicki
heraustreten. Das heißt, es gelingt ihr nur einmal, nämlich in der Folge der
Bekanntgabe ihrer Entlassung beim ZDF. Zu diesem Zeitpunkt erringt sie erst-
mals mehr Aufmerksamkeit als Reich-Ranicki, allerdings ebenso wie dieser
hauptsächlich in Form von negativen Bewertungen. Hier zeigt sich auch ein
zweiter Wendepunkt der Skandaldebatte. Beide Hauptskandalierer verlieren noch

---

[14] Natürlich muss er beide nicht voneinander unterscheiden können. Dass Reich-Ranicki es
nicht kann, zeigt allerdings, dass er sich nicht auf die Sendung vorbereitet hat. Sollte man
doch denjenigen kennen, über den man sich öffentlich empören will, vor allem dann, wenn
Reich-Ranicki auf die Frage, ob er die gegenwärtige Comedy-Kultur vielleicht nicht mehr
verstehe und daher dazu doch lieber schweigen solle, selbstbewusst antwortet: „Nein, ich
finde lustig, was mir gefällt. […] Ich habe noch keine Schwierigkeiten mit dem Material"
(Gottschalk und Reich-Ranicki 2008).

[15] Hinter dem ‚vermutlich' verbirgt sich die Einschränkung, dass man natürlich nicht mit
Gewissheit sagen kann, dass der Gesamtdiskurs den thematischen Impulsen Reich-Ranickis
wie Heidenreichs folgt, dass also *einzig* deren Kommentare *ursächlich* entsprechende Folge-
kommentare ausgelöst haben, da diese auch andere Ursachen und Urheber haben könnten.
Beispielsweise können sich bestimmte thematischen Aspekte einfach aus dem Thema selbst
ergeben: Wenn man über das Fernsehen spricht, dann spricht man eben in der Regel auch
über Quoten.

einmal deutlich an Sympathie. Heidenreich offensichtlich, weil ihr ‚Rausschmiss'
nach ihren emotionalen Attacken gegen das ZDF gerechtfertigt scheint: „Man
schämt sich, in so einem Sender überhaupt noch zu arbeiten. Von mir aus
schmeißt mich jetzt raus" (Heidenreich 2008a). Reich-Ranicki offensichtlich, weil
er Heidenreich in den Rücken fällt. Er zeigt nicht nur Verständnis für ihre Kün-
digung und nimmt Duzfreund Gottschalk gegen sie in Schutz, sondern wertet
nun auch ihre Sendung ab: „Was wir im *Literarischen Quartett* gemacht haben,
fand auf einem anderen intellektuellen Niveau statt als die Heidenreich-Sendung"
(Eichel und Reich-Ranicki 2008). Darüber hinaus beschuldigt er sie der Intrige:
„Thomas als dumm hinzustellen, ist eine Unverschämtheit. Elke hat sich mise-
rabel benommen. Sie hat noch intrigiert. Sie wollte, dass man Thomas meine
Laudatio wegnimmt, um sie selbst zu halten" (Bunte 2008).

Dass beide Skandalierer danach keine nennenswerte Anzahl an positiven
Bewertungen mehr erhalten und im Allgemeinen nur noch deutlich weniger
Bewertungen verzeichnet werden können, verweist darauf, dass die Entlassung
Heidenreichs zum einen dem Diskurs um die Skandalierer ein Ende gesetzt hat.
Zum anderen tritt – nach einem letzten mittleren Peak am 3. November – bereits
eine Woche später auch die Skandaldebatte insgesamt in ihre Abschwungphase
ein (Abb. 2.1). Zwar zeigt die quantitative Analyse, dass sich in den Wochen
nach der Entlassung Heidenreichs die Themenstruktur öffnet und den pauscha-
len Diskurs über das schlechte Fernsehen um neue Facetten ergänzt; es finden
sich – wie Tab. 2.1 zeigt – neben allgemeinen Bewertungen des Fernsehens und
einigen Bewertungen der Unterhaltung (des einzigen von Reich-Ranicki zusätzlich in den Diskurs eingebrachten Aspekts) nun auch vermehrt Bewertungen des
Aspekts Information. Allerdings kann sich augenscheinlich unabhängig von den
Hauptskandalierern keine breite kritische Debatte mehr entwickeln, die sich nun
differenziert mit der Aufgabe und Funktion des Fernsehens auseinandersetzt, sondern das Interesse am Gegenstand ebbt nach und nach ab. Hier scheint die Grenze
des durch Reich-Ranicki und Heidenreich initiierten und getragenen Skandals
erreicht.

2.7 Ökonomie des Fernsehpreisskandals

Dass sich der Skandal nicht zu einer kritischen Debatte entwickeln konnte, scheint
weniger an seinem Thema zu liegen. Die Anprangerung des vermeintlich schlech-
ten Fernsehprogramms hat, wie die Dynamik des Skandals vermuten lässt, damals
durchaus den öffentlichen Nerv des Publikums getroffen. Jedoch wird deutlich,
dass die Kritik von den Falschen auf die falsche Art und Weise vorgetragen

wurde, sodass aufgrund der mangelnden Differenziertheit des Diskurses und der mangelnden Qualifikation der Diskursführer die Debatte letztlich in einem ‚leeren Skandal' verpufft ist.

Betrachtet man dazu nochmals die Rhetorik beider Skandalierer, zeigt sich, dass es diesen von Anfang bis Ende um andere Dinge ging als um eine fundierte Fernsehkritik. Zudem scheint vor allem Reich-Ranicki, wie die TV-Diskussion mit Gottschalk zeigt, gar nicht in der Lage, eine Debatte über das Thema zu führen, geschweige denn anzuführen. Er weiß offensichtlich nicht, über welches Fernsehprogramm er spricht. Kategorien wie „Quote", „Zielgruppe" und „Öffentlich-Rechtliche" versus „Private" bringt ausschließlich Gottschalk in die Diskussion ein, während Reich-Ranicki kaum darauf eingeht und bei jeder passenden und unpassenden Gelegenheit auf das Feld der Literatur ausweicht.

Rhetorisch inszenieren beide Skandalierer sich selbst und einander in einem stark personifizierenden Dreieck von Täter-, Opfer- und Heldenrollen. Zwar vergeht sich das Fernsehen, insbesondere das öffentlich-rechtliche, irgendwie an seinen Zuschauern, indem es diese schlecht unterhält und damit irgendwie seinem Kultur- und Bildungsauftrag nicht nachkommt, aber das eigentliche Skandalon vollzieht sich, den Skandalierern folgend, an ihnen selbst. Heidenreich macht Reich-Ranicki zum Opfer der Gala-Veranstalter und zum Helden der Kultur. Mal wird er unter Heidenreichs (2008a) Feder zu einem „gebrechlich[en] alten Mann", mal zum „Gott des Donners und des Zorns". Täter sind die „Programmdirektoren und Intendanten" und natürlich Thomas Gottschalk, Täter nicht nur an Reich-Ranicki, sondern auch an ihr und ihrer Sendung, während sie sich mit dem Literaturpapst sowohl in seiner Opfer- als auch in seiner Heldenrolle identifiziert. Reich-Ranicki selbst will sich dagegen weniger als Opfer, denn als Kämpfer für die Hochkultur verstanden wissen und sieht zugleich Gottschalk und in der Folge auch sich selbst als Opfer einer intrigierenden Heidenreich. Diese wird sich später dann als Opfer einer Intrige Reich-Ranickis profilieren, so unter anderem in der Talkshow *Beckmann* am 20. April 2009. In dieser spricht sie wiederholt von einem „Verrat" Reich-Ranickis an ihr. Aber das gehört schon nicht mehr zum eigentlichen Skandal, sondern mit Burkhardt (2006, *S.* 205) in eine sekundäre Rehabilitationsphase, in der Heidenreich genauso wie Reich-Ranicki bereits „wieder symbolisches Kapital akkumulieren" – und durchaus auch monetäres: Marcel Reich-Ranicki posiert unter Anspielung auf seine Wutrede in einer Werbeanzeige der Deutschen Telekom. Elke Heidenreich wird, wohl nicht zuletzt aufgrund ihres gesteigerten Bekanntheitsgrades, von der Verlagsgruppe und Bertelsmann-Tochter Random House als Herausgeberin der Reihe *Musik in Büchern – Edition Elke Heidenreich* rekrutiert.

Der auf großer Bühne inszenierte Fernsehpreisskandal dreht sich also vorrangig um die Skandalierer selbst. Ihre ‚Kritik' am Fernsehen erscheint bloß als Vehikel einer Medienpräsenz in eigener Sache. Und der Skandal bringt zwar eine breite öffentliche Empörung, aber deshalb keine kritische Debatte hervor, weil sich genau in dem Moment, in dem sich der Diskurs zu differenzieren beginnt, seine Skandalierer aus dem Diskurs verabschieden und mit ihnen eine mediale Öffentlichkeit, die vor allem Reich-Ranicki mittels seiner Popularität hervorgerufen hat. So zeigt der Fall Reich-Ranicki nicht zuletzt, dass die Subjektqualität eines Skandalierers nicht unbedingt dessen Qualifikation folgt. Vielmehr resultiert die ‚Qualität' der Skandalierer ebenso wie die des Skandals selbst aus einer Ökonomie der Aufmerksamkeit: „Wer hinreichend bekannt ist, findet schon allein aufgrund des Grades seiner Bekanntheit Beachtung. [...] Die Aufmerksamkeit, die die Großverdiener in Sachen Aufmerksamkeit einnehmen, gilt nicht ihrer erbrachten Leistung, sondern immer auch dem Faktum ihrer Bekanntheit selbst" (Franck 2007, S. 114). Dabei ist, wie sich gezeigt hat, das symbolische Kapital der (durch den Skandal nochmals) gesteigerten Bekanntheit durchaus in Kapital im eigentlichen Sinne konvertibel. Es gilt mit Georg Franck (2007, S. 120):

> Prestige, Reputation, Prominenz und Ruhm sind Formen genuinen Kapitals. Sie sind keineswegs nur, was der Soziologe Pierre Bourdieu als ‚symbolisches' Kapital bezeichnet. [...] Der sich rentierende Bekanntheitsgrad der Person stellt [...] ein Kapital in dem wörtlichen Sinne dar, dass er aus akkumulierter Beachtung besteht, die sich in der Form leistungsfrei bezogener Beachtung verzinst. Der Reichtum, um den es hier geht, verschafft nicht nur soziale Geltung. Er ist ein Reichtum, der aus demselben ‚Stoff' besteht, wie das Einkommen, das er abwirft.

Dass der Eklat bei der Gala zum zehnten Deutschen Fernsehpreis keine kritische Debatte auslösen konnte, heiß also nicht, dass er nicht als Skandal funktioniert hätte. Im Gegenteil, der Ökonomie des Skandals folgend haben alle Beteiligten von der durch den Skandal verursachten öffentlichen Aufmerksamkeit profitiert, die Skandalierer genauso wie die Medien: Zeitungen wurden gelesen, Sendungen wurden geschaut und der Star wurde in seinem medialen Marktwert erhöht. Alle wurden entlohnt, keiner hatte Verluste zu verzeichnen, nicht einmal das Fernsehen in seiner Reputation. Dafür wurde der Diskurs einfach zu unqualifiziert geführt, eben nur als Spektakel, als leerer Skandal und nicht als kritische Debatte. Das heißt, jemand hat doch einen Verlust zu verzeichnen, nämlich der Teil des Publikums, der sich eine fundierte öffentliche Debatte über die Aufgaben des öffentlich-rechtlichen Rundfunks vor dem Hintergrund seiner ökonomischen, institutionellen, rechtlichen Voraussetzungen und seiner daraus resultierenden Rechte und Pflichten erhofft hatte. Hätte sich eine solche Debatte

doch durchaus gelohnt. Das sehen wir heute etwa, wenn Ende 2020 der Land-
tag von Sachsen-Anhalt eine Anpassung der Rundfunkgebühren blockiert, wenn
die Abschaffung der Rundfunkgebühren und mit ihr auch die Abschaffung eines
öffentlich-rechtlichen Rundfunks hierzulande von der rechtspopulistischen AfD
seit Jahren publikumswirksam propagiert wird.

Die Kunst der Provokation: Ausblick 3

Kehren wir auch deshalb abschließend noch einmal zu einem Rechtspopulisten nicht hiesiger, sondern US-amerikanischer Provenienz zurück, dessen Skandalpolitik, dessen populistische ‚Kunst der Provokation' nicht nur Unterschiede, sondern auch überraschende Ähnlichkeiten zu einer Skandalkunst einerseits sowie zur spezifischen Ökonomie des Fernsehpreisskandals andererseits aufweist. Dass Donald Trump nämlich trotz der zwei Amtsenthebungsverfahren, die seine Präsidentschaft begleiteten, bisher nicht oder nur unter Vorbehalt in eine Reihe mit Politikern wie Richard Nixon, Bill Clinton und hierzulande Björn Engholm gestellt wurde, hat einen entscheidenden Grund. So ließen sich der Reihe zwar noch viele weitere Politiker hinzufügen, in Deutschland etwa Helmut Kohl mit seiner Parteispendenaffäre, die seinem Renommee als „Vater des Euro" und „Kanzler der Einheit"[1] nachhaltig geschadet hat; Trump jedoch steht als Prototyp eines Populisten für einen anderen und neuen Typus von Politiker, für den anscheinend auch in Rahmen der Skandalökonomie gänzlich andere Regeln gelten: Während Kohl und Engholm, Nixon und Clinton durch ihre Affären und Skandale, durch ihre Lügen und Vertuschungen ihrer Reputation als Politiker nachhaltig geschadet haben, während sie im Rahmen einer Glaubwürdigkeitsökonomie einen Großteil ihres Glaubwürdigkeitskapitals verspielt haben, scheint Trumps Skandalpolitik einzig einer Aufmerksamkeitsökonomie zu folgen.

Denkt man zunächst an den Wahlkampf Donald Trumps 2015 bis 2016, fiel der Kandidat damals eher als Provokateur und Sprachrohr minderheitenfeindlicher und rassistischer Positionen auf denn als seriöser Präsidentschaftskandidat mit

---

[1] Beide Periphrasen finden sich im offiziellen Nachruf auf Helmut Kohl, herausgegeben vom Presse- und Informationsamt der Bundesregierung unter dem Titel „Zum Tod von Helmut Kohl. Kanzler der Einheit", https://www.bundesregierung.de/breg-de/suche/kanzler-der-ein heit-424152 (zugegriffen: 18. November 2021).

© Der/die Autor(en), exklusiv lizenziert an Springer Fachmedien Wiesbaden GmbH, ein Teil von Springer Nature 2022
C. Petersen, *Kunst der Provokation*, essentials,
https://doi.org/10.1007/978-3-658-37312-2_3

einer entsprechenden politischen Reputation. Slogans und wilde Angriffe bis hin
zur Verleumdung seiner demokratischen Mitbewerberin Hillary Clinton ersetz-
ten dezidierte Wahlprogramme. Dabei bezog Trump aus seiner Bekanntheit als
Wirtschaftsmogul, vor allem aber als Star der NBC-Reality-Show *The Apprentice*
genau das Aufmerksamkeitskapital, welches ihn letztlich bis in den überraschen-
den Wahlsieg im Jahre 2016 trug. Eine angemessene Reputation, wenn nicht als
Politiker, dann doch wenigstens als Unternehmer, spielte dagegen keine Rolle.
So hätte jeder seiner Wähler beispielsweise wissen können, dass Trump im Jahre
1990 kurz vor dem Bankrott stand. Vor allem aber perlten während Trumps Präsidentschaft von 2017 bis 2021, etwa mit der Russland-Affäre 2017, der Sex-Affäre
um die ehemalige Pornodarstellerin Stephanie Clifford 2018 und der Ukraine-
Affäre 2019, die zum ersten erfolglosen Impeachment-Verfahren gegen Trump
führte, sämtlich Skandale einfach an ihm ab.

Offensichtlich treten hier die Reputation hinter der Bekanntheit und – ent-
sprechend den Skandalierern und Skandalierten im Fernsehpreisskandal – eine
Glaubwürdigkeits- hinter einer Aufmerksamkeitsökonomie zurück, was Trump
letztlich auch vor den Konsequenzen der auf Dauer gestellten Skandale um seine
Person schützt. Während dieser Umstand für Trumps gesamte öffentliche und
politische Person gilt, büßen die Skandalierer des öffentlich-rechtlichen Fernsehens, büßen Reich-Ranicki und Heidenreich dagegen ‚nur' ihre Glaubwürdigkeit
innerhalb der Skandaldebatte ein, die sie selbst auslösen, aber letztlich nicht
kompetent führen wollen oder können: Indem alle Akteure, insbesondere die
Skandalierer wie die skandalisierenden Medien, im Rahmen eines leeren (weil
nicht mehr funktionalen) Skandals bloß auf die Erhöhung ihres Aufmerksamkeits-
kapitals zielen, höhlen sie die durchaus wertvolle Debatte um das meritorische
Gut des öffentlich-rechtlichen Rundfunks aus; Trump dagegen geht noch weiter,
indem er mit seiner Skandalpolitik gleich eine ganze politische Kultur aus den
Angeln hebt.

Politische und private Verfehlungen, Normverstöße und Eklats werden unter
der Präsidentschaft Trumps zur einer, wenn auch nicht von allen, so doch von
vielen akzeptierten Normalität, sodass der Skandal in seiner Inflation an Trump
letztlich jene regulative Funktion verliert, die ihm gerade die funktionalistische
Skandaltheorie zuspricht. Das liegt wiederum darin begründet, dass der Populist
und Demagoge Trump in seiner Kommunikation eher einem Skandalkünstler als
einem Politiker gleicht. Trump betreibt, wenn auch keine Selbstskandalisierung,
so doch eine Kunst der Provokation, die sich nicht um das eigene Renommee zu
scheren braucht: Auch Lügen und Halbwahrheiten schaden ihm nicht, sondern
werden vielmehr zur Strategie im Umgang mit der Öffentlichkeit. Sie dienen
Trump im Skandaldiskurs nicht nur der Verteidigung gegen den Vorwurf der

eigenen Verfehlung, sondern in der Verleumdung seiner Ankläger, vor allem aber der Medien mittels des sprichwörtlich gewordenen Fake-News-Vorwurfs als erfolgreiche Strategie der Diskreditierung seiner (medialen) Ankläger.

Dabei profitiert Trump wie alle Populisten und Demagogen einer „neuen politischen Generation Fake" (Petersen 2021b, S. 82), wie etwa auch ein Boris Johnson in Großbritannien, ein Viktor Orbán in Ungarn oder hierzulande eine Alice Weidel, insbesondere davon, dass die Empörung über ein Fehlverhalten in einer geteilten Öffentlichkeit, die Politiker dieses Schlages stets auch mitproduzieren, wohl eine breite, niemals aber eine allgemeine ist. Liegt in der Verleumdungskampagne, die Trump nicht nur gegen seine Ankläger, sondern gegen sämtliche etablierte Medien führt, letztlich doch ein, wenn nicht sogar *der* Grund einer zusehends auseinanderdriftenden (medialen) Öffentlichkeit. Während das Künstlerduo Rezai und Materne im Rahmen seiner Provokationskunst gesellschaftliche Normen subversiv hinterfragt, während die Kritiker Reich-Ranicki und Heidenreich bloß einen leeren Medienskandal im Zuge einer aufmerksamkeitsgenerierenden Selbstbespiegelung entfachen, nutzt Trump die Medien – alte wie neue – nicht nur, um sein Aufmerksamkeitskapital zu erhöhen, er attackiert ihre Glaubwürdigkeit mit aller destruktiven Kraft der Aufmerksamkeit um seine (Amts-)Person: Seine Lügen und Verleumdungen treiben immer wieder Keile in die Öffentlichkeit und spalten so den Teil des Publikums, das Trumps Glaubwürdigkeit ganz zu Recht in Zweifel zieht, von dem Teil des Publikums, das Trump Glauben schenken will, um zugleich den etablieren Medien sein Vertrauen zu entziehen und sich in seine eigene Medienrealität ominöser Webseiten und Plattformen zu flüchten.

Eine von vielen Folgen einer derart geteilten Öffentlichkeit sehen wir heute auch hierzulande, wenn etwa am 11. Dezember 2021 bundesweit, und so auch vor meiner eigenen Haustür, von der AfD mitorganisierte Demonstrationszüge aus Impfgegnern und Corona-Skeptikern die Innenstädte belagern und „Widerstand" skandieren. Widerstand wogegen? Gegen die aktuellen Corona-Eindämmungsmaßnahmen, gegen eine drohende Impfpflicht oder gegen die Nachrichten und Informationen aus den Medien – gemeint sind vor allem die öffentlich-rechtlichen –, denen man nicht mehr glauben will, sondern lieber alternativen Quellen und ‚Wahrheiten'?

Was Sie aus diesem *essential* mitnehmen können

- einen umfassenden Überblick über den aktuellen Stand der Skandaltheorie
- eine Einführung in die Methode der quantitativ-qualitativen Inhaltsanalyse
- einige zentrale Thesen zur Kunst der Provokation als Strategie der Aufmerksamkeitserzeugung
- eine Handreichung für eigene wissenschaftliche Analysen von Skandalen, ihren Verläufen und Aufmerksamkeitsökonomien
- ein Angebot zur theoretischen Fundierung der Skandalkommunikation in der Kultur-, Medien- und Öffentlichkeitsarbeit

© Der/die Herausgeber bzw. der/die Autor(en), exklusiv lizenziert an Springer   47
Fachmedien Wiesbaden GmbH, ein Teil von Springer Nature 2022
C. Petersen, *Kunst der Provokation*, essentials,
https://doi.org/10.1007/978-3-658-37312-2

Literatur- und Quellenverzeichnis
[▶ kommentiert]

Baudrillard, Jean. 1976. Die Präzession der Simulakra. In *Agonie des Realen*, (Autor) Jean Baudrillard, 7–69. Berlin: Merve [▶ eine geeignete, wenn auch für die Analyse von Skandaldiskursen nicht notwendige Einführung in die Medien- respektive Simulationstheorie Baudrillards].

Beckmann, Susanne. 2006. Der Skandal – Ein komplexes Handlungsspiel im Bereich öffentlicher Moralisierungskommunikation. In *Strategien politischer Kommunikation. Pragmatische Analysen*, Hrsg. Heiko Girnth und Constanze Spieß, 61–78. Berlin: Erich Schmidt.

Beckmann, Reinhold. 2009. *Beckmann*. ARD 20. April. Dokumentiert auf https://www.youtube.com/watch?v=dsB2CppHrb0, https://www.youtube.com/watch?v=RgV7la3LkxE. Zugegriffen: 28. Januar 2022.

Bönisch, Julia. 2006. *Meinungsführer oder Populärmedium? Das journalistische Profil von Spiegel Online*. Berlin: LIT.

Bösch, Frank. 2003. Öffentliche Geheimnisse. Die verzögerte Renaissance des Medienskandals zwischen Staatsgründung und Ära Brandt. In *Die Politik der Öffentlichkeit – Die Öffentlichkeit der Politik. Politische Medialisierung in der Geschichte der Bundesrepublik*, Hrsg. Bernd Weisbrod, 125–150. Göttingen: Wallstein.

Bösch, Frank. 2006. Politische Skandale in Deutschland und Großbritannien. *Aus Politik und Zeitgeschichte* 53(7): 25–32.

Breidenbach, Samuel. 2022. *Reflexion und Subversion. Selbstbeobachtung der Gesellschaft in Twitter und den Massenmedien*. Wiesbaden: Springer VS.

Bulkow, Kristin, und Christer Petersen, Hrsg. 2011. *Skandale. Strukturen und Strategien öffentlicher Aufmerksamkeitserzeugung*. Wiesbaden: VS [▶ in diesem Band vor allem die gemeinsame Einführung der Herausgeber (S. 9–25) und der von ihnen gemeinsam verfasste Artikel zum Fernsehpreisskandal (S. 177–205), auf welche das vorliegende *essential* aufbaut].

Bunte. 2008. Thomas Gottschalk will nicht zu Elke Heidenreich. *Bunte*, 20. Oktober. http://www.bunte.de/newsline/newsline-thomas-gottschalk-will-nicht-zu-elke-heidenreich_aid_6950.html. Zugegriffen: 30. April 2009.

Burkhardt, Steffen. 2006. *Medienskandale. Zur moralischen Sprengkraft öffentlicher Diskurse*. Köln: Halem [▶ als Überblick über den Stand der Skandalforschung bis zu den frühen 2000er Jahren sehr geeignet, insbesondere auch deswegen, weil dort grundlegende Überlegungen zur Skandalisierung in der massenmedialen Öffentlichkeit von Niklas Luhmann (1971) und John B. Thompson (2000) aufgegriffen und zusammengeführt werden].

Burkhardt, Steffen. 2011. Skandal, medialisierter Skandal, Medienskandal: Eine Typologie öffentlicher Empörung. In *Skandale. Strukturen und Strategien öffentlicher Aufmerksamkeitserzeugung*, Hrsg. Kristin Bulkow und Christer Petersen, 131–155. Wiesbaden: VS.

Butler, Judith. 2004. *Precarious Life. The Powers of Mourning and Violence*. New York: Verso.

Christians, Heiko. 2005. Die Gunst der Stunde und die Gunst des Publikums. Oder: Warum eine echte Diva keinen handfesten Skandal provoziert. In *TV-Skandale*, Hrsg. Claudia Gerhards, Stephan Borg, und Bettina Lambert, 91–102. Konstanz: UVK.

Donsbach, Wolfgang, und Dietmar Gattwinkel. 1998. *Öl ins Feuer. Die publizistische Inszenierung des Skandals um die Rolle der Ölkonzerne in Nigeria*. Dresden: University Press.

Eichel, Christine, und Marcel Reich-Ranicki. 2008. Ich mag keine billige Bücherreklame! *Cicero. Magazin für politische Kultur*, 12. http://www.cicero.de/839.php?ausgabe=12/2008. Zugegriffen: 28. April 2009.

Engell, Lorenz. 2005. Falle und Fälle. Kleine Philosophie des Fernsehskandals. In *TV-Skandale*, Hrsg. Claudia Gerhards, Stephan Borg, und Bettina Lambert, 17–40. Konstanz: UVK.

Enzensberger, Hans Magnus. 1991. *Mittelmaß und Wahn. Gesammelte Zerstreuungen*. Frankfurt a. M.: Suhrkamp.

Esser, Frank, Bertram Scheufele, und Hans-Bernd. Brosius. 2002. *Fremdenfeindlichkeit als Medienthema und Medienwirkung. Deutschland im internationalen Scheinwerferlicht*. Wiesbaden: Westdeutscher Verlag.

Franck, Georg. 2007. *Ökonomie der Aufmerksamkeit. Ein Entwurf*. München: Hanser [▶ ein bis dato im Kontext der Skandalforschung leider weitgehend unterschätzter Grundlagentext zur Ökonomie von Skandalen].

Fretwurst, Benjamin. 2008. *Nachrichten im Interesse der Zuschauer. Eine konzeptionelle und empirische Neubestimmung der Nachrichtenwerttheorie*. Konstanz: UVK.

Gottschalk, Thomas, und Marcel Reich-Ranicki. 2008. Aus gegebenen Anlass. *ZDF*, 17. Oktober. Dokumentiert auf https://www.youtube.com/watch?v=3Qv6bnjaWcA. Zugegriffen: 28. Januar 2022.

Grimberg, Steffen. 2008. Heidenreich aus Anstalt entlassen. ZDF reagiert auf TV-Kritik. *taz*, 24. Oktober. https://taz.de/Nach-Kritik-am-ZDF/!5173907/. Zugegriffen: 28. Januar 2022.

Heidenreich, Elke. 2008a. Reich-Ranickis gerechter Zorn. *Frankfurter Allgemeine Zeitung*, 12. Oktober. https://www.faz.net/aktuell/feuilleton/medien/elke-heidenreich-reich-ranickis-gerechter-zorn-1715340.html. Zugegriffen: 28. Januar 2022.

Heidenreich, Elke. 2008b. Der Kampf fängt gerade erst an! *Frankfurter Allgemeine Zeitung*, 19. Oktober. https://www.faz.net/aktuell/feuilleton/medien/heidenreich-gegen-das-zdf-der-kampf-faengt-gerade-erst-an-1713240.html. Zugegriffen: 28. Januar 2022.

Hitzler, Roland. 1989. Skandal ist Ansichtssache. Zur Inszenierungslogik ritueller Spektakel in der Politik. In *Anatomie des politischen Skandals*, Hrsg. Rolf Ebbighausen und Sighard Neckel, 334–354. Frankfurt a. M.: Suhrkamp.

Hondrich, Karl Otto. 2002. *Enthüllung und Entrüstung. Eine Phänomenologie des politischen Skandals*. Frankfurt a. M.: Suhrkamp [▶ ein, was politische Skandale angeht, noch immer zentraler Text der deutschsprachigen Skandalforschung].

Imhof, Kurt. 2000. Öffentlichkeit und Skandal. In *Medien- und Kommunikationssoziologie. Eine Einführung in zentrale Begriffe und Theorien*, Hrsg. Klaus Neumann-Braun und Stefan Müller-Doohm, 55–68. Weinheim: Juventa.

Kamps, Klaus. 2007. *Politisches Kommunikationsmanagement. Grundlagen und Professionalisierung moderner Politikvermittlung*. Wiesbaden: VS.

Kepplinger, H. Mathias. 2003. Die Kunst der Skandalierung: Die Innensicht ist nicht die Außensicht. In *Krisenkommunikation*, Hrsg. Ulrich Blum, Erich Greipl, Stefan Müller, und Wolfgang Uhr, 41–54. Wiesbaden: Deutscher Universitäts Verlag.

Kepplinger, H. Mathias. 2008. News Values. In *The International Encyclopedia of Communication 7: Media Corporations, Forms of – Objectivity in Reporting*, Hrsg. Wolfgang Donsbach, 3281–3282. Malden: Blackwell.

Kepplinger, H. Mathias. 2009. *Publizistische Konflikte und Skandale*. Wiesbaden: VS.

Kepplinger, H. Mathias. 2018. *Medien und Skandale*. Wiesbaden: Springer VS [▶ ein wichtiger, wenn nicht der wichtigste aktuelle Überblickstext des Experten der (deutschsprachigen) Skandalforschung].

Kepplinger, H. Mathias., und Simone Ehmig. 2004. Ist die funktionalistische Skandaltheorie empirisch haltbar? Ein Beitrag zur Interdependenz von Politik und Medien im Umgang mit Missständen in der Gesellschaft. In *Mediengesellschaft. Strukturen, Merkmale, Entwicklungsdynamiken*, Hrsg. Kurt Imhof, Roger Blum, Heinz Bonfadelli, und Ottfried Jarren, 363–375. Wiesbaden: VS.

Konken, Michael. 2002. *Krisenkommunikation. Kommunikation als Mittel der Krisenbewältigung*. Limburgerhof: FBV-Medien.

Krah, Hans. 2006. *Einführung in die Literaturwissenschaft/Textanalyse*. Kiel: Ludwig [▶ eine für die qualitative Inhaltsanalyse auch von Skandaldiskursen geeignete (wenn auch nicht gerade leicht verständliche) Einführung in die Textanalyse].

Kraus, Martin. 2014. Zur Untersuchung von Skandalautoren. Eine Einführung. In *Skandalautoren. Zu repräsentativen Mustern literarischer Provokation und Aufsehen erregender Autorinszenierung, Bd. 1*, Hrsg. Andrea Bartl und Martin Kraus, 11–26. Würzburg: Königshausen & Neumann.

Krömer, Kurt, und Anis Ferchichi. 2021. *Chez Krömer: Bushido* (S05/E03). rbb 16. Oktober. https://www.youtube.com/watch?v=zBxxtz_1nn8. Zugegriffen: 19. Dezember 2021.

Kuhn, Thomas S. 1997. *Die Struktur wissenschaftlicher Revolutionen*, 14. Aufl. d. 2. erg. Aufl. Frankfurt a. M.: Suhrkamp.

Laermann, Klaus. 1984. Die gräßliche Bescherung. Zur Anatomie des politischen Skandals. *Kursbuch* 77: 159–171.

Luhmann, Niklas. 1971. Öffentliche Meinung. In *Politische Planung. Aufsätze zur Soziologie von Politik und Verwaltung*, Hrsg. Niklas Luhmann, 9–34. Opladen: Westdeutscher Verlag [▶ ein früher Grundlagentext zur Skandalforschung (siehe auch den Kommentar zu Burkhardt 2006)].

Luhmann, Niklas. 1996. *Die Realität der Massenmedien*, 2. Aufl. Opladen: Westdeutscher Verlag.

Maurer, Marcus, und Carsten Reinemann. 2006. *Medieninhalte. Eine Einführung*. Wiesbaden: Springer VS.

Neckel, Sighard. 1989. Das Stellhölzchen der Macht. Zur Soziologie des politischen Skandals. In *Anatomie des politischen Skandals*, Hrsg. Rolf Ebbighausen und Sighard Neckel, 55–80. Frankfurt a. M.: Suhrkamp.

Neu, Michael. 2004. Der Skandal. In *Skandal oder Medienrummel? Starfighter, Spiegel, Flick, Parteienfinanzierung, AKWs, ,Dienstreisen', Ehrenworte, Mehmet, Aktenvernichtungen,* Hrsg. Jürgen. Bellers und Maren Königsberg, 3–23. Berlin: LIT.

Petersen, Christer. 2014. „Ich war eine gute Hure." Zur skandalösen Authentifizierung des Körpers in weiblicher Bekenntnisliteratur der 2000er Jahre. In *Skandalautoren. Zu repräsentativen Mustern literarischer Provokation und Aufsehen erregender Autorinszenierung,* Bd. 2, Hrsg. Andrea Bartl und Martin Kraus, 355–394. Würzburg: Königshausen & Neumann.

Petersen, Christer. 2015. *Terror und Propaganda. Prolegomena zu einer Analytischen Medienwissenschaft.* Bielefeld: transcript.

Petersen, Christer. 2018. „Feuchtgebiete" 2008 und 2013. Zum ,neuen Feminismus' in Roman und Film. In *Deutsche Selbstbilder in den Medien. Gesellschaftsentwürfe in Literatur und Film der Gegenwart,* Hrsg. Martin Nies, 307–333. Marburg: Schüren.

Petersen, Christer. 2021a. Der moderne Skandal. Einige späte Anmerkungen zum Stand der Forschung. In *Hessische Skandale. Medien, Gesellschaften und Normkonflikte,* Hrsg. Alexander Jehn, Andreas Hedwig, und Rouven Pons, 16–31. Wiesbaden: Kramer [▶ der Vorläufertext für Kapitel 1 und zusammen mit Petersen 2021b (unten) für Kapitel 3 dieses *essentials* (zum Teil mit etwas detaillierteren Literatur- und Quellennachweisen)].

Petersen, Christer. 2021b. Stranger than Fiction. Von alternativen Fakten und fiktionalen Epistemologien. In *Wahrheit und Fake im postfaktisch-digitalen Zeitalter. Distinktionen in den Geistes- und IT-Wissenschaften,* Hrsg. Peter Klimczak und Thomas Zoglauer, 73–88. Wiesbaden: Springer Vieweg.

Pörksen, Bernhard, und Hanne Detel. 2012. *Der entfesselte Skandal. Das Ende der Kontrolle im digitalen Zeitalter.* Köln: von Halem [▶ der (meiner Meinung nach) missglückte, weil verfrühte Versuch, die Skandaltheorie vor dem Hintergrund der neun Web-Medien umzuschreiben; allerdings könnte sich ein abermaliger Versuch in einigen Jahren, wenn gerade die ,Sozialen (Web-)Medien' noch mehr an Einfluss gewonnen haben, durchaus lohnen].

Preiser, Siegfried. 1990. Massenmedien, Menschenbilder, Machtverächter: Skandalverarbeitung im Spannungsfeld politischer Erfahrungen, Werte und Einstellungen. *PP-Aktuell* 9: 15–22.

Pundt, Christian. 2008. *Medien und Diskurs. Zur Skandalisierung von Privatheit in der Geschichte des Fernsehens.* Bielefeld: transcript.

Rauchenzauner, Elisabeth. 2008. *Schlüsselereignisse in der Medienberichterstattung.* Wiesbaden: VS.

Richter, Peter. 2006. Hermann Nitsch. Kunst für ein paar Eingeweide. *Frankfurter Allgemeine Zeitung,* 1. Dezember. https://www.faz.net/aktuell/feuilleton/kunst-und-archit ektur/hermann-nitsch-kunst-fuer-ein-paar-eingeweide-1380446.html. Zugegriffen: 29. Januar 2022.

Rössler, Patrick. 2010. *Inhaltsanalyse,* 2. Aufl. Konstanz: UVK [▶ eine umfassende und leicht verständliche Einführung in die Methode der quantitativen Inhaltsanalyse].

Sarcinelli, Ulrich. 2009. *Politische Kommunikation in Deutschland. Zur Politikvermittlung im demokratischen System.* Wiesbaden: VS.

Schlag, Gabi, und Benno Wenz. 2013. *Kunstskandale. Vom Tabu zum Meisterwerk.* rbb Kulturradio. Dokumentiert auf https://www.b-tu.de/fg-medienwissenschaft/team/lehrst uhlinhaber#c117205. Zugegriffen: 31. Mai 2021.

Schulz, Winfried. 1976. *Die Konstruktion von Realität in den Nachrichtenmedien. Analyse der aktuellen Berichterstattung*. Freiburg: Alber.

Schwarzer, Alice. 2013. Vorwort. In *Prostitution. Ein deutscher Skandal. Wie konnten wir zum Paradies der Frauenhändler werden?*, Hrsg. Alice Schwarzer, 7–13. Köln: Kiepenhauer & Wisch.

Stockhausen, Karlheinz. 2001. „Huuuh!" Das Pressegespräch am 16. September im Senatszimmer des Hotel Atlantic in Hamburg. *MusikTexte* 91: 69–77.

Thompson, John B. 2000. *Political Scandal. Power and Visibility in the Media Age*. Cambridge: Polity Press [▶ noch immer der Basistext zur Theorie des politischen Skandals].

von Bredow, Wilfried. 1992. Legitimation durch Empörung. Vorüberlegungen zu einer politischen Theorie des Skandals. In *Der politische Skandal*, Hrsg. Julius H. Schoeps, 190–208. Stuttgart: Burg.

Williams, Robert. 1998. *Political Scandals in the USA*. Edinburgh: Keele University Press.

Wolf-Klostermann, Thomas. 2003. *Information und Nachrichtenwert im Netz. Eine Inhaltsanalyse ausgewählter Internet-Publikationen*. Hamburg: Kovač.

Printed in the United States
by Baker & Taylor Publisher Services